El lugar más feliz del mundo

El lugar más feliz del mundo

Los 7 secretos del propósito de tu vida

DANIELA McARENA
LUIS ÁLVAREZ

G2000

Gestión 2000 es un sello editorial de Centro de Libros PAPF, SLU.
Av. Diagonal, 662-664
08034 Barcelona
www.planetadelibros.com

Primera edición: abril de 2026
Depósito legal: B. 24.797-2026
ISBN: 978-84-9875-613-5
Composición: Realización Planeta
Impresión y encuadernación: Limpergraf, S. L.
Printed in Spain - Impreso en España

PEFC Certificado
Este libro procede de bosques gestionados de forma sostenible
PEFC
PEFC/14-38-00305
www.pefc.es

*A mi hija Daniela, mi compañera de aventuras
en este camino de la vida, mi nieta McArena Sinaí
y a Tristan, que nos acompañó en este viaje
dentro de la tripa de su madre.
A todas las maravillosas personas que me acompañan
en los proyectos y cuya dedicación hace posible
que hagamos realidad, juntos, tantos sueños.
Gracias a mi madre por inculcarme la fe, el mayor regalo que
podemos recibir. A través de la fe, todo se puede conseguir.*

Luis Álvarez

*A mis padres, por darme el regalo más grande que existe:
la vida. Gracias a ella puedo ver, sentir y maravillarme
ante este mundo y sus milagros. Gracias a ella
puedo descubrir, cada día, la maravilla de existir.
Todo lo que soy y todo lo que descubro nace de ese regalo.
Y también a mis hijos, Macarena y Tristan, y a Álvaro, que
me acompañan en el guion de la película de mi vida.*

Daniela McArena

Sumario

Introducción

En las páginas que siguen hemos querido compartir una nueva aventura como padre e hija, como almas gemelas, como compañeros de viaje y de vida.

En los libros anteriores de Luis, los relatos de nuestros viajes estaban contados desde la perspectiva de un padre que narra en tercera persona su experiencia junto a su hija. Recientemente, sin embargo, comprendimos que nuestras vivencias siempre contienen dos miradas y, por lo tanto, son dos las historias que merecen ser contadas: la de un padre con su hija y la de una hija con su padre.

Nos ha llevado veintinueve años entender que la vida no es más que la experiencia de quien la vive. Por eso, tras este descubrimiento, decidimos hacer un experimento: narrar la misma historia aportando cada uno su punto de vista. Así podrás comprobar que hay tantas realidades como personas y que una misma vivencia puede adquirir matices, e incluso contradicciones, dependiendo de quién la cuente.

Nosotros, Daniela y Luis, emprendimos un viaje al lugar

considerado como el más feliz del mundo. Destino: Nepal y Bután. Aquí tienes el resultado de esta apasionante y esperanzadora historia.

Luis

Éste es el primer libro que escribimos juntos padre e hija. Durante años, he narrado cada uno de los viajes que hicimos cumpliendo mi promesa de que cada año emprenderíamos rumbo a un nuevo destino en busca de experiencias y sabidurías que enriquecieran nuestras mentes y nuestras almas.

A su vez, Daniela ha escrito también libros sobre sus experiencias personales y sobre su medio de comunicación Ac2ality, que se convirtió en el más importante de habla hispana en redes sociales.

Un día, al leer los libros de Daniela, me di cuenta de que las historias que cuento desde el punto de vista de mi hija eran diferentes. En muchas ocasiones más bonitas, pero lo que más me sorprendió es que eran distintas.

No existe una realidad concreta, simplemente existen hechos y cada persona tiene un punto de vista distinto. Cada cual tiene su propia visión de la realidad. Por eso, decidimos escribir por primera vez un libro juntos, narrándolo en primera persona a la vez que sucedían los hechos, para que fuese lo más ajustado a lo que realmente vivíamos cada uno y compaginando la mirada de los dos.

Y así empezamos este libro al que hemos llamado *El lugar más feliz del mundo*.

Mi primera reflexión antes de iniciar este viaje al que, según todas las guías turísticas, es «el lugar más feliz del mundo» fue detenerme a pensar en el verdadero significado de esa frase.

Daniela y yo nos disponíamos a descubrir ese lugar, pero para mí el sitio más feliz del mundo es cualquiera en el que esté ella.

A mis cincuenta y dos años, he comprendido que la verdadera felicidad reside en un rincón de mi memoria, ese espacio donde se almacenan nuestros recuerdos compartidos. Por eso disfruto tanto viajando a su lado: porque ese archivo mental se llena de nuevas vivencias y, cuando más lo necesito, lo visito para imaginarla junto a mí, sonriente, en algún lugar del mundo, frente al objetivo de mi cámara.

Estaba deseando conocer el país que muchos consideran el más feliz del planeta. Pero, sin duda, mi lugar más feliz será siempre aquél donde estemos los dos.

Una madre y su hijo iban a cruzar un río. La madre le dice:

—Hijo, toma mi mano.

Él le respondió:

—No, mamá, toma tú la mía.

La madre pregunta:

—Hijo, ¿cuál es la diferencia?

Él le dice:

—Si algo pasa cuando crucemos, quizás yo suelte tu mano, pero si tú tomas la mía, estoy seguro de que, pase lo que pase, no me soltarás.

Así es nuestra relación, Daniela.

Un día, cuando eras pequeña, tú me diste la mano, y sé que caminas por esta vida sabiendo que, pase lo que pase, yo nunca soltaré la tuya.

Siempre, absolutamente siempre, estoy ahí, junto a ti. Incluso cuando algún día mi físico no esté, yo seguiré a tu lado.

DANIELA

Los viajes con mi padre son un remanso de paz para mí. Un espacio sagrado donde se apaga el ruido de la vida cotidiana y todo se vuelve claro, sereno. Son momentos en los que sé que aprenderé algo —de él, del mundo, de mí misma— y en los que tengo asegurado el amor más incondicional y recíproco que existe.

Hoy, más que nunca, valoro ese tiempo juntos. Me he convertido recientemente en madre de una niña, Macarena —a la que mi padre llama con ternura Mc [mac]—, y en pocos meses daré a luz a mi segundo hijo, un niño. En menos de un año, la vida me ha regalado la experiencia de ser madre por partida doble. Y en este torbellino de emociones, amor, cansancio y asombro, estos viajes con él cobran un nuevo significado.

Ahora comprendo aún más el valor de cada conversación, de cada mirada, de cada silencio compartido. Porque sé que algún día querré transmitir a mis hijos —aunque sea sólo una parte— la magia que he recibido de él. Esa magia que me ha convertido en quien soy hoy: una mujer fuerte, libre, exitosa, con una fe inmensa en la vida... y feliz, en cualquier rincón del mundo.

Viajar con él es volver a casa, es reencontrarme con la parte más luminosa de mí misma, ésa que florece cuando estoy a su lado. Porque, sin importar el destino, sé que en ese viaje me espera mi compañero más fiel: mi padre.

Soy rica, porque mi padre me enseñó...

... a amar la naturaleza,
a visualizar nuestros sueños,
a tener disciplina y muchas metas,
a cuidar mi cuerpo,
a meditar,
que todo es posible,
a rodearme de los mejores,
a amarme a mí primero,
a separar lo urgente de lo importante,
que la familia es lo más importante,
que las personas creativas siempre van por delante,
que la sonrisa abre todas las puertas,
a entender que todo es un milagro,
que todos seríamos muy felices si supiésemos lo felices
que somos,
a confiar en mí, pero, sobre todo, en el universo,
que el amanecer es el espectáculo más impresionante
que existe,
que la fe es el poder más importante que tenemos,
a convertirme en mi mejor versión y
que pase lo que pase, siempre estaremos juntos.

A lo largo del viaje hemos ido encontrando frases que nos guiaron en el camino espiritual que allí hicimos. Con cada una de ellas notábamos cómo crecíamos en nuestro interior. Al inicio de cada capítulo de este libro compartimos esas enseñanzas adquiridas para que te iluminen como lo hicieron con nosotros.

1

Bután, el lugar más feliz del mundo

> No permitas a nadie alquilar un espacio en tu cabeza, a no ser que sean buenos inquilinos.

Comenzamos este libro con la frase con la que nos despedimos de Nepal. El día que volvíamos a Madrid, nos dimos un último baño en la piscina del hotel y allí, colgado en la pared de la derecha según bajabas la escalerilla, descubrimos un cartel pequeño en el que se podía leer lo siguiente:

CUANDO ESCRIBAS LA HISTORIA DE TU VIDA,
NO PERMITAS QUE NADIE SOSTENGA EL BOLÍGRAFO POR TI.

Sé tú mismo el que escriba todas las historias del gran libro de tu vida.

Sábado, 1 de marzo de 2025

Era el Día del Ángel de la Guarda. Suelo celebrar esta fiesta porque toda mi vida he sentido que tengo dos angelitos de la guarda que me acompañan y que me cuidan a cada paso de mi camino, y así se lo he enseñado también a Daniela.

Todos venimos al mundo con un ángel de la guarda. Como nos sucede a todos, a los ángeles también les gusta que los cuiden, que les hablen y que jueguen con ellos. Daniela y yo hablamos con los nuestros constantemente, retándolos a que nos consigan cosas en esta vida. Jugamos con ellos, les pedimos que nos protejan, que nos acompañen en cada viaje y que nos bendigan las acciones de cada día.

Vimos en Ac2ality que, por primera vez en muchos años, los planetas estaban más alineados que nunca, y que ese hecho no se volvería a repetir en gran cantidad de tiempo. Posiblemente, nosotros en nuestra existencia ya nunca más volveremos a vivir ese fenómeno astral.

Eso me recordó que el aventurero Jesús Calleja había llevado a cabo la proeza de viajar al espacio hacía poco. Tuve la suerte de conocer a Jesús y a su cámara, Emilio, en un viaje a Indonesia que realicé junto con Santiago Segura. En él descubrí a dos personas maravillosas que disfrutan con la vida y están en armonía con el universo.

Unos días atrás, Daniela me había dado la noticia de que iba a tener un nuevo nieto. Ya fui por primera vez abuelo el año pasado, en 2024, cuando nació Mc, y en este 2025 Daniela vuelve a estar embarazada. Como es nuestra tradición, mi hija y yo hacemos un viaje juntos todos los años. Esta vez lo teníamos previsto para septiembre, pero este acontecimiento hizo que tuviéramos que adelantarlo antes de que estuviera más avanzado su estado de gestación, lo mismo que nos ocurrió el año anterior.

El año anterior fuimos a hacer una peregrinación al monte Sinaí, un lugar que siempre nos había llamado mucho la atención. Esta vez, al adelantarse el acontecimiento, aún no teníamos decidido nuestro próximo destino, pero despejamos la duda después de una interesante conversación por teléfono.

Llamé a Emilio, el cámara de Jesús Calleja, para felicitarle por lo del espacio y, de paso, le pedí que me aconsejara dónde podía ir con Daniela de viaje. Entonces, me preguntó:

—¿Conoces el país de la felicidad?

Sólo con esa pregunta me sentí atraído y con ganas de saber más. ¿De qué país me estaba hablando? Y continuó.

—El único país del mundo donde hay un Ministerio de la Felicidad es Bután, y si no lo conoces, debes llevar allí a Daniela, a los dos os encantará.

Supe de inmediato que ése era el lugar que debíamos visitar y ese mismo día, en cuanto colgué con Emilio, llamé a Daniela y le hice una propuesta.

—Daniela, ¿quieres conocer el país de la felicidad este año?

Me contestó lo mismo que yo le había dicho a Emilio.

—No sabía que existía un país de la felicidad.

—Yo tampoco, me acabo de enterar. Se llama Bután —contesté. Y continué con la siguiente propuesta—: Te ofrezco una cosa, ¿qué te parece si este año escribimos juntos el libro de nuestro viaje por primera vez?

Yo ya había publicado cinco libros y Daniela tiene otros dos, editados por Planeta, y pensamos que era una buena idea escribir los relatos de nuestro viaje juntos como una nueva experiencia. No sólo protagonizaríamos una nueva aventura, sino que trabajaríamos codo con codo para ofrecértela con la riqueza que aportan dos puntos de vista diferentes.

2

Preparando el viaje

> Conocer a los otros es de inteligentes, conocerte a ti mismo es verdadera sabiduría.
> Controlar a otros es tener fortaleza, controlarte a ti es verdadero poder.
> Si eres consciente de que tienes suficiente, eres auténticamente rico.
>
> Lao Tzu

> Es mejor vivir tu propio destino de manera imperfecta que vivir una imitación de la vida de alguien distinto con total perfección.
>
> Bhagavad Gita

Lunes, 3 de marzo de 2025

Pertenezco a un grupo de WhatsApp, que comenzó un buen amigo, llamado Los Quijotes. Lo denominó así porque, tal y como decía Cervantes, hay personas que donde tan sólo hay molinos de viento ven verdaderos gigantes. Así creo que somos la mayoría de los emprendedores. Donde el resto de las personas solamente ve molinos, nosotros vemos grandes proyectos y grandes ideas. Cada dos o tres meses solemos quedar para comer y compartir nuestras experiencias y nuestras ilusiones.

El camino del emprendedor no es fácil y, a veces, compartir tus dificultades te ayuda a que éstas se reduzcan a la mitad. En cuanto nos sentamos a la mesa, conté que estaba preparando un viaje a Bután con mi hija y que nunca había oído hablar de este país al que llaman «el país más feliz del mundo».

Jorge Ramsés, anfitrión y propietario del restaurante Patio de Leones, donde nos encontrábamos, junto a la puerta de Alcalá de Madrid, nos contó que él ya había estado en Bután anteriormente y que, en efecto, fue uno de los mejores viajes que había realizado. Me recomendó la agencia con la que él lo organizó y me puso en contacto con ellos.

Como ocurre en la mayoría de las ocasiones, cuando sientes que estás alineado con el universo parece que todas las piezas se colocan cuando las cosas están a tu favor.

Inmediatamente me puse en contacto con la agencia y quedaron en hacerme una planificación rápida del itinerario, ya que queríamos salir pronto, antes de que el embarazo de Daniela estuviese muy avanzado.

Quedé por la tarde con Daniela en su casa para decidir juntos las fechas exactas del viaje y también para bañar a mi nieta Mc.

El día anterior había ido a cenar con Daniela a su casa porque estaba sola con su hija. Su marido, Álvaro, trabaja en Nueva York y pasa largas estancias allí.

Los días que Álvaro no está, me gusta pasar tiempo con Daniela, sobre todo, para no perderme la hora del baño de mi nieta Mc, porque no he visto otra persona que disfrute más chapoteando en el agua. Para mí, es uno de los mejores momentos del día.

Aproveché para hablar con Daniela sobre el viaje y comentar cómo íbamos a compartir la escritura de este libro.

El día que nació Mc, tuve la idea de grabarle cada día un consejo, que después cuelgo en Instagram y en TikTok. Lo curioso es que mi nieta vino al mundo el mismo día que me decidí a iniciar estos vídeos. El 23 de agosto de 2024 les comenté a Daniela y Álvaro que quería grabar un consejo a Mc cuando aún estaba dentro del vientre de Daniela y que el siguiente lo grabaría cuando Mc ya hubiese nacido.

Daniela dio a luz la noche en la que grabé el primer consejo. Es como si estuviese esperando que empezase @yalodeciamiabuelo_ para asomar su cabecita a este mundo. Al día siguiente, pude grabar el segundo con ella misma en la cunita del hospital.

Le hago estos vídeos pensando que algún día ya no voy a estar y así me tendrá grabado para que pueda escuchar estos consejos que la acompañen y la iluminen a cada paso.

Aprovecho este libro para dejarte a ti también en estas líneas los consejos que compartí durante esos días con Mc.

Consejo 194

Tu problema no es realmente el problema.
Cómo reaccionas al problema es realmente el problema.

Consejo 195

Un gran filósofo contemporáneo llamado Mark Twain decía
que, si siempre dices la verdad, nunca te fallará la memoria.
Sólo los mentirosos necesitan acordarse de las cosas que
dicen, por lo que tenemos que ser siempre francos
y honestos y podemos vivir relajadamente y tranquilos.

3

Diseñando la ruta

> Todo lo que hay en el universo está dentro de ti.
> Todo lo que necesites saber, búscalo en ti mismo.
>
> Jalil Al-Din Rumi

Miércoles, 5 de marzo de 2025

Por fin pude hablar con la agencia que me recomendaron para organizar todo el viaje. Son expertos en viajes a Bután.

Llevo viajando con Daniela desde que ella tenía nueve años y a lo largo del tiempo hemos ido desarrollando una lista de preferencias específicas para nuestras salidas. Tenemos muy claro lo que nos gusta y lo que no, así que lo primero que hago es enviar a la agencia esta lista de exigencias que deben tenerse en cuenta.

Sólo hago un viaje al año con Daniela y me preocupo de que esté perfectamente planificado y de que cumpla, sobre todo, la primera condición: «Si sales de casa, es para estar mejor».

La persona que se encargó de preparar el viaje se llama Carmen Muñoz; curiosamente, también estaba embarazada y en una semana iba a cogerse la baja, por lo que nos organizó el viaje con rapidez y me aseguró que en breve tendríamos la ruta diseñada.

A continuación, acompaño nuestra lista de preferencias y condiciones para los viajes.

Viajes con Daniela: lista de preferencias

Si salimos de casa es para estar mejor que en casa, me gusta organizar un solo gran viaje al año, pero que sea espectacular.

- Que nos recojan siempre a las 10.00 en el hotel, no antes. Si estamos de vacaciones, no queremos madrugar.
- Que los guías, además de decir que hablan inglés, lo hablen de verdad.
- Hoteles con gimnasio y, si es posible, con piscina, a no ser que sean hoteles que formen parte de la cultura local y merezca la pena conocer, como el caso de Japón, India...
- Que los viajes duren un mínimo de nueve días, incluyendo el día de salida y el de vuelta, pero chequead esto por si en algunos sitios es demasiado tiempo. Nos gusta salir un miércoles y volver el viernes siguiente para llegar a casa el sábado por la mañana.

- Mejor cambiar de guía habitualmente.
- Limitar las visitas a los templos, con uno por día es suficiente.
- Reservad siempre los mejores hoteles de cada ciudad.
- Reservad también cenas en los sitios pintorescos de cada ciudad.
- Incluid siempre el desayuno en el hotel (sólo el desayuno).
- Dejadnos siempre un día al final sólo para nosotros, sin nada que hacer, para disfrutar con Daniela de la ciudad o del hotel.
- Avisad siempre de que viajamos con maletas de mano, nunca facturamos.
- Vayamos donde vayamos, coged todo donde no esté permitido fumar.
- Solicitad siempre *high floor* en los hoteles para disfrutar al máximo las vistas y, obviamente, que la habitación tenga las mejores vistas posibles.
- No incluyáis nunca en los itinerarios las visitas a tiendas y otras actividades de los turistas, tampoco los museos típicos, a menos que sea algo tan interesante que signifique ver algo único mundialmente conocido.
- En los aviones, siempre lo más delante posible, juntos y en ventanilla.
- Comemos de todo y no tenemos ninguna alergia.

Carmen me llamó nada más recibir la lista y me dio las gracias. Dijo que nunca se había encontrado con unos clientes que tuviesen tan claro cómo diseñar un viaje. Aseguró que esto le ayudaría tremendamente a hacerlo rápido y que en breve tendríamos noticias suyas.

Copié a Daniela en todos los e-mails que intercambié con Carmen, porque sé que se disfruta tanto preparando los viajes como realizándolos. El poder de la imaginación es maravilloso y, a medida que vamos leyendo los correos electrónicos que nos íbamos intercambiando, podemos echar a volar la imaginación y conseguir disfrutar cada pensamiento como si fuese real.

Como cada día, acabo grabando el consejo que le doy a Mc en Instagram.

Consejo 196

No podemos controlar las cosas que pasan fuera
de nosotros, pero siempre podemos controlar
cómo reaccionamos a esas cosas.

La sabiduría del ser humano radica en que, con independencia de lo que pase fuera de ti, seas capaz de tener templanza y conocimiento necesario para hacer que no te afecten, y mantengas tu paz interior.

Si te ves reaccionando con ira y enfado hacia algo, estás dejando que lo exterior te controle.

Sólo cuando seas capaz de mantener la calma en todas las situaciones habrás llegado a un nivel de sabiduría que sostenga tu paz interior.

4

Las sincronías

> La felicidad es cuando lo que piensas, lo que dices y lo que haces están en verdadera armonía.
>
> Mahatma Gandhi

Conversando con Jorge Ramsés sobre el viaje que me estaba diseñando la agencia que me recomendó, me habló de una amiga, llamada Cristina, que acababa de regresar de Bután y que le había contado unas experiencias muy bonitas. Jorge me dejó su teléfono, la llamé y tuvimos una larga conversación sobre sus vivencias en el país.

Como sucede siempre con la magia y la sincronía del universo, Cristina me contó que había conocido allí a un monje que le había acompañado durante gran parte de su camino.

Le conté a Cristina que a nosotros siempre nos gusta conocer líderes espirituales en aquellos viajes a los que vamos, porque lo que más nos interesa es aprender sobre la cultura y la religión de nuevos lugares para encontrar similitudes y diferencias con las occidentales. Ella me dio los datos de la persona que podía ponerme en contacto con dicho monje y me programó un desayuno en su templo.

Es curioso cómo, cuando estás en conexión con el universo, te suceden cosas maravillosas. Esas cosas que los no creyentes llaman casualidades, pero que los creyentes sabemos que son causalidades o sincronías.

Las sincronías son esos guiños mágicos de la vida, esas aparentes casualidades que, en realidad, son señales de que estamos caminando en la dirección correcta, alineados con nuestro propósito, nuestra fe o con el universo.

La carta nunca enviada

Hace años, una mujer vivía una etapa de mucha confusión. Su vida parecía estar en pausa. Sabía que quería un cambio, pero no sabía por dónde empezar. Así que, como acto de fe, decidió escribir una carta a Dios, sin más destinatario. En dicha carta expresó todo lo que anhelaba: un trabajo con propósito, un entorno en el que pudiera crecer y personas que la inspirasen.

La firmó con el corazón y la guardó en un cajón.

Nunca la envió.

Pasaron los meses. Siguió su vida. Buscó oportunidades, algunas salieron mejor y otras peor mientras se dejaba llevar. Hasta que un día, sin buscarlo, conoció a una persona en una cafetería que cambiaría su vida. Ese desconocido la invitó a un proyecto en otro país y, sin entender muy bien por qué, dijo que sí.

Tiempo después, mientras hacía la maleta para mudarse, encontró la carta que había escrito. La abrió, la leyó y se le llenaron los ojos de lágrimas.

Todo lo que había pedido estaba ocurriendo. Cada línea. Cada deseo. Pero nada había pasado de golpe. Todo había llegado en forma de pequeñas sincronías: una conversación casual, un correo inesperado, una persona clave que llegó en el momento justo... No hubo señales evidentes, pero todo había estado guiado. Y es que, cuando estás alineado con el universo, las casualidades desaparecen. Todo se convierte en parte del propósito de tu vida.

Las sincronías son como susurros del cielo. Confirmaciones de que vas bien. Pequeños milagros cotidianos que ocurren cuando tu intención, tu fe y tu acción están en coherencia con el propósito de tu vida.

Así que, si estás en una etapa en la que no entiendes muy bien qué haces en la vida, confía. Haz tu parte. Escucha. Camina. Y mantente presente, porque las señales llegan cuando estás listo para verlas.

> Sabemos que Dios dispone todas las cosas para el bien de quienes lo aman, los que han sido llamados según su propósito.
>
> Romanos, 8:28

Y como cada día, acabo grabando el consejo que le doy a Mc en Instagram.

Consejo 197

El amor es una de las armas más poderosas
que hay en este mundo.
Si te dedicas a amar a todo y a todos, serás un ser feliz
constantemente, porque amar significa darte a los demás.
Cuando te das a los demás, fluyes como la naturaleza
y estás en completa conexión con el universo.

Le preguntaron en una ocasión a san Agustín:
—¿Cuál es la medida del amor que tenemos que dar?
Y su respuesta fue maravillosamente perfecta.
—La medida del amor es amar sin medida.

5

Visualizando el viaje

> El hecho de que yo pueda plantar una semilla y se convierta en una flor, compartir un poco de conocimiento y se convierta en el conocimiento de otros, sonreír a alguien y recibir otra sonrisa a cambio, son para mí continuos ejercicios de espiritualidad.
>
> LEO BUSCAGLIA

Me encanta recibir la ruta que vamos a hacer, porque me ayuda a visualizar el viaje. Cuando empiezas a recapitular las fotos y la información de todos los sitios que vamos a visitar, consigues adelantar la satisfacción del viaje, porque el cerebro, a través de la imaginación y la visualización, crea sentimientos de satisfacción y felicidad similares a los que experimentas cuando estás viviendo la situación real.

Aunque el viaje físico sean los diez días programados, la satisfacción de éste para Daniela y para mí abarca todo el año, ya que hablamos sobre lo que vamos a hacer, o de lo que ya hemos disfrutado en viajes anteriores, cada momento que pasamos juntos.

Carmen, de la agencia, me acababa de pasar el itinerario, que vi que se prolongaba tres días más de lo esperado.

Nepal y Bután

Día 01 (22 de abril) — Noche en vuelo
Día 02 (23 de abril) — Katmandú
Día 03 (24 de abril) — Katmandú
Día 04 (25 de abril) — Timbu
Día 05 (26 de abril) — Timbu
Día 06 (27 de abril) — Punakha
Día 07 (28 de abril) — Punakha
Día 08 (29 de abril) — Paro
Día 09 (30 de abril) — Paro
Día 10 (1 de mayo) — Katmandú - Dulikhel
Día 11 (2 de mayo) — Katmandú - Dulikhel
Día 12 (3 de mayo) — Noche en vuelo
Día 13 (4 de mayo) — Madrid

Una vez recibido el itinerario, empieza el trabajo previo para conseguir sacar el máximo provecho posible de la experiencia.

6

Despegamos

> Ayer yo era listo, así que quería cambiar el mundo. Hoy soy sabio, por lo que tan sólo sé que necesito cambiarme a mí.
>
> RUMI

Martes, 22 de abril de 2025

Tras la organización y la excitación que conlleva preparar un viaje imaginándote cómo serán todos los sitios que vamos a visitar, por fin llegó el momento de la partida.

El día anterior di una conferencia titulada «El propósito de tu vida» en el Gran Teatro CaixaBank Príncipe Pío. El día después siempre tengo una especie de mezcla entre subida de adrenalina y cansancio, que me hace estar muy animado a la vez que me invaden momentos de bajón energético.

En todo caso, la emoción de que por fin partíamos esa noche hacia Doha hizo que se me pasara el día rápido. Llegó la hora de salir hacia el aeropuerto. Quedé allí con Daniela, como siempre, dos horas antes, porque me gusta llegar con suficiente tiempo por si surge cualquier problema con los billetes, el pasaporte o el papeleo.

Le he transmitido a Daniela que, si vas a coger un vuelo importante y terminas perdiéndolo, que esto no se deba a no haber salido con suficiente antelación hacia el aeropuerto. Cuando vivíamos en Nueva York, teníamos por costumbre salir de casa cuatro horas antes de la hora prevista de embarque, porque en esa ciudad nunca sabes los imprevistos que te puedes encontrar. Incluso saliendo con ese margen de tiempo, en alguna ocasión he estado a punto de quedarme en tierra. ¡Así es Nueva York!

Pasamos el control de seguridad en el aeropuerto de Barajas y corrimos a meternos en la sala vip para cenar. Como los dos viajamos mucho, ambos tenemos la tarjeta de puntos de Iberia, que nos permite pasar a las salas especiales de esa compañía, cosa que nos encanta.

Después, y una vez en nuestros asientos del avión, como suelo hacer cuando estamos juntos, me gusta contarle alguna historia en formato de cuento o leyenda que nos ayude a conciliar el sueño y despedir el día con algo motivador.

A lo largo del libro, hacia el final de cada capítulo, dejaré las historias que llevaba preparadas para contarle cada día y mantener así nuestra preciosa tradición.

—Daniela, ¿sabes que la Coca-Cola nació del dolor de una persona? —le dije.

—No tenía ni idea, papi —contestó ella.

—Ésta es la historia de sus comienzos.

Origen de la Coca-Cola

A veces, las grandes ideas no nacen de la ambición, sino del dolor. Y la historia que viene a continuación es la de un hombre herido, que era farmacéutico, y un experimento que cambiaría el mundo.

Su nombre era John Pemberton. Vivía en el sur de Estados Unidos y durante la guerra civil que tuvo lugar en su país fue gravemente herido por una espada. La herida sanó por fuera, pero dejó cicatrices internas: un dolor insoportable, físico y emocional.

Como tantos otros veteranos de guerra, John encontró alivio en la morfina, aunque pronto descubrió que se estaba volviendo prisionero de ella. Y ahí comenzó su verdadera batalla.

En su pequeño laboratorio, este farmacéutico no sólo buscaba aliviar su dolor, quería liberarse. Empezó entonces a mezclar hojas de coca con nuez de cola, a hervir jarabes, a probar nuevas fórmulas. Al principio, era sólo una bebida medicinal más, un «vino de coca» como el que los europeos usaban para los nervios. Pero cuando el estado de Atlanta prohibió el alcohol, reformuló su invento y en 1886, en una farmacia cualquiera, nació Coca-Cola. Una bebida hecha para curar que acabaría refrescando a todo el planeta.

Lo más conmovedor es que Pemberton murió sin saber lo que había creado. Vendió su fórmula por poco dinero. Nunca supo que su intento de sanar su dolor personal acabaría siendo el inicio de una de las marcas más reconocidas del siglo.

A veces, creemos que nuestras heridas nos detienen, pero también pueden ser las que nos empujen a crear. A veces, lo que empieza como un intento de sobrevivir termina como una chispa que inspira, transforma o refresca a miles. Así que, si hoy estás luchando con algo, si algo duele, si hay incertidumbre, no lo subestimes. Porque incluso desde el dolor puede nacer algo inolvidable.

Como cada noche, antes de acostarnos, grabé el consejo del día para mi nieta Mc.

Consejo 198

Cuando no encuentres la solución de un problema, es porque quizás no es un problema que tengas que resolver. Seguramente sea una verdad que debes aceptar.

7

Dar

Si recibes algo, eres feliz un momento. Si das algo, eres feliz toda la vida.

Sabiduría hindú compartida
en un templo de Katmandú

Miércoles, 23 de abril de 2025

Cuando decidimos hacer este viaje, sabíamos que no sería un simple recorrido turístico. Queríamos entender por qué Bután es considerado el país del mundo donde la gente es más feliz y descubrir qué podíamos aprender de su manera de vivir. Lo que no imaginábamos es que las grandes enseñanzas comenzarían antes de cruzar la frontera.

Este capítulo está dedicado a la primera lección que nos regaló el camino: **el saber dar**. No como un gesto puntual, sino como una forma de estar en el mundo. De entregarse, de compartir, de soltar. Y fue Nepal, ese país hermano de Bután, quien nos lo mostró primero.

Nada más aterrizar en el aeropuerto de Katmandú, nos encontramos con la primera sorpresa. En lugar del clásico cartel con nuestros nombres, nos esperaba un hombre, que, creemos, se llamaba Rassala, aunque no estamos del todo seguros, porque le entendimos más bien poco. Él sí tenía claro quiénes éramos nosotros, porque llevaba un iPad con nuestra foto.

En cuanto nos vio, nos saludó con una sonrisa y nos hizo colarnos por todas las filas del control de pasaportes y seguridad como si fuésemos personas importantes. También ayudó que no habíamos facturado equipaje. Viajamos con una maleta de mano cada uno. Nos parecía que para diez días entre Nepal y Bután no hacía falta mucho más. Siempre hemos pensado que, cuanto menos se lleva, más libre se viaja. Y cuanto menos dependas del control de equipajes, menos estrés y más flexibilidad si algo te retrasa.

Ya en el hotel Dwarika's, nos asignaron la habitación 210. Fue abrir la puerta y sentir que habíamos entrado en otro tiempo. Paredes de ladrillo visto, madera antigua tallada con un mimo que sólo puede venir de siglos atrás, luz cálida y una sensación de calma que envolvía cada rincón. Aquello era mucho más que un hotel: era una bienvenida a otra época.

Decidimos no perder el tiempo y salimos a caminar por Katmandú con nuestro guía, Prabin Lakhe. Nuestro chófer, que se llamaba Sunda, nos llevó al centro de la ciudad para empezar allí mismo el recorrido. Queríamos dejarnos llevar por la ciudad, sin filtros, sin mapa, sólo sintiéndola. Y lo hicimos.

Porque Katmandú no se mira: **te atraviesa**. Es un caos lleno de vida, un baile constante de motos, coches, peatones y tuctucs que parecen moverse al compás de una música inaudible. Cables enmarañados sobre nuestras cabezas, tiendas que se apilan unas sobre otras como piezas de Tetris, calles sin asfaltar, templos que aparecen en cada esquina cuando menos te lo esperas... Todo tiene ritmo, aunque a primera vista parezca desorden.

Recordamos que, mientras caminábamos por las calles, aún teníamos en la cabeza lo que nos había pasado en el aeropuerto de Doha. Allí, en plena escala, el más despistado de los dos —Daniela, a quien me dirijo cariñosamente como «cabecita loca»— había olvidado los cascos en la sala de espera. No nos dimos cuenta hasta que, justo antes de embarcar, un empleado de Qatar Airways se nos acercó con una sonrisa y nos los devolvió. Fue un gesto simple, pero de esos que te tocan.

Ese momento, junto con la hospitalidad con la que nos recibían en Katmandú, nos hizo pensar en algo que hemos comentado muchas veces: hay países que, con mucho menos, **lo dan todo**. Y mientras en nuestra sociedad parece que nos hemos acomodado, aquí notamos un impulso profundo por hacer las cosas bien, por mejorar, por servir. Lo podemos resumir en una frase: «Hace más el que quiere que el que puede». Y no sólo lo creemos, lo hemos visto. Tanto en países como en personas, quien se esfuerza por dar un mejor servicio, por cuidar los detalles, por entregarse a los demás, marca la diferencia.

En uno de los templos hindúes que visitamos esa tarde, observamos a la gente orar con una serenidad contagiosa. Le preguntamos a Prabin, nuestro guía, por qué veíamos tanta calma en las personas. Su respuesta nos sorprendió.

—Aquí, la tasa de depresión es mucho más baja que en los países occidentales.

—¿Y eso por qué? —pregunté.

—En nuestra cultura, cuando alguien tiene un problema, va al templo y se lo cuenta a su dios. Lo verbaliza, lo entrega, lo suelta. Y, una vez dicho, cree de verdad que ese problema ya no le pertenece. Ya no lo carga solo —contestó.

También habló de una idea que transmiten desde pequeños, una especie de mantra que se respira en cada gesto: «Si recibes algo, eres feliz un momento. Si das algo, eres feliz toda la vida».

Lo habíamos escuchado antes de otras formas: «El que no vive para servir, no sirve para vivir». Pero allí se sentía diferente, porque no era un eslogan bonito en una taza. Era una práctica real. Una manera de ser. Y se notaba.

En cómo te saludan.

En cómo comparten la comida.

En cómo te escuchan con atención sincera.

Al atardecer, regresamos al hotel para cenar en su restaurante tradicional, Krishnapan. Nos sentamos sin demasiadas expectativas y, sin embargo, nos volvimos a sorprender. El primer plato que nos sirvieron no era para nosotros, sino para Krishna, su dios. Era una ofrenda.

Antes de recibir, se da.

Era la misma enseñanza, ahora servida en forma de comida. Nos emocionó darnos cuenta de cómo esa filosofía impregnaba incluso los actos más cotidianos.

Esa noche nos fuimos a dormir en silencio, cada uno rumiando a su manera lo vivido. Pero con algo muy claro: el viaje ya había empezado, y nos estaba transformando desde el primer paso.

Aprendizaje esencial

El arte de dar está en el centro de muchas culturas que priorizan la conexión humana por encima del éxito individual. Ya sea ofreciendo comida a un dios, un gesto amable en un aeropuerto o un oído atento en un templo, dar no te quita: te llena.

En este viaje, aprendimos que quien se da se encuentra.

Como cada noche, antes de acostarnos, grabé el consejo del día para mi nieta Mc.

Consejo 199

Para ser fuerte no es necesario ir todos los días al gimnasio y levantar mucho peso. Las personas más fuertes del mundo son aquellas que son capaces de levantar su propio peso cada vez que se caen.

Tras el consejo viene una historia inspiradora para Daniela antes de dormir.

El limpiador

En la biografía de Barbra Streisand hay un capítulo maravilloso con una gran historia. Cuenta que, cuando estaba en la Escuela de Teatro de Nueva York, había un chico que, para pagar sus clases de arte dramático, limpiaba los baños y la escuela como intercambio. Todos lo conocían como el Limpiador.

Cierto día, se enteraron de que este chico había conseguido un papel en una obra de teatro *off* Broadway y todos estaban maravillados con la gran noticia. Entre los actores que se consideraban más profesionales se decían: «Si el Limpiador ha conseguido un papel, todos tenemos posibilidades». Aquel limpiador que tanto sorprendió a todos con su papel en esa obra de teatro se llamaba Dustin Hoffmann.

8

Impermanencia

> Todo lo que nace, muere. Todo lo que surge, cambia. Lo único permanente es el cambio.
>
> Enseñanza budista

Jueves, 24 de abril de 2025

Cada día del viaje nos dejaba una huella. Si el primero nos enseñó a dar, el segundo nos enseñó a soltar. A entender que lo que hoy es, mañana no será. Que nada permanece. Y que abrazar esa idea no es triste, sino liberador.

Estábamos en Katmandú, en uno de esos días que comienzan intensos sin previo aviso. Nepal es hogar de muchas comunidades tibetanas y su filosofía, el budismo tibetano, impregna la atmósfera. Ese día comprendimos que lo que aquí se respira es otra manera de entender la vida y la muerte.

Por la mañana visitamos uno de los lugares más impresionantes de la ciudad: Pashupatinath, el templo sagrado junto al río Bagmati. Allí, a plena luz del día, se celebran las cremaciones públicas. Nos costó procesarlo, no fue del todo fácil ver cómo las familias se reúnen en la orilla para despedir a sus seres queridos, cómo el cuerpo es limpiado, vestido por última vez, acompañado con mantras y luego convertido en cenizas que el río se lleva.

Al principio, sentimos esa incomodidad tan típica de quienes hemos crecido en una cultura que evita la muerte, la esconde, la suaviza. Pero en Nepal la muerte no se tapa, sino que se honra, se comparte y se acepta como parte del ciclo natural. Nuestro guía nos contaba con una sencillez increíble que hacía poco habían cremado a su tía y que toda la familia, incluidos los niños, participó del ritual: limpiar el cuerpo, tirar sus pertenencias al río y presenciar la cremación. Los más pequeños deben estar presentes, porque es importante que entiendan desde temprano que nos vamos así, sin nada, tan desnudos como vinimos.

Nos llamó la atención que allí también se realizaba la ceremonia cuando los fallecidos eran personajes ilustres, incluidos reyes, primeros ministros y altos funcionarios del Estado. El lugar sagrado donde se incinera a los muertos no distingue entre clases sociales. En esas piras han sido cremados desde mendigos hasta el mismo rey de Nepal. No hay tronos en la muerte, ni casta ni poder ni apellido. Todos volvemos al fuego, todos somos humo y ceniza en el mismo río.

Además, nos impactó ver cómo, junto al fuego, algunos hombres se afeitaban la cabeza. Nos explicaron que el pelo, considerado un símbolo de belleza, se ofrece al difunto. Es un gesto de entrega: «Te doy lo más valioso que tengo, no quiero quedármelo yo, sino que tú te lo lleves».

Esa imagen nos acompañó todo el día. Nos hizo reflexionar sobre el desapego, acerca de cuántas cosas materiales acumulamos, cuánto peso innecesario llevamos; sin embargo, lo que queda al final no son las posesiones, sino las relaciones, los gestos, los vínculos. Mientras volvíamos al centro de la ciudad, no podíamos dejar de pensar en aquella experiencia. Y justo entonces, la vida nos puso otro símbolo en el camino.

La diosa viviente

En Nepal existe una tradición ancestral. En cada ciudad, una niña de entre dos y siete años es elegida para convertirse en la *kumari* ['la niña virgen'], la encarnación de una diosa. Tras resultar escogida, entra a vivir en un monasterio y sólo puede salir trece veces al año para ser venerada por el pueblo. Su familia puede visitarla, pero nunca quedarse en el edificio, donde vive aislada hasta el día en que tiene la menstruación, momento en el que regresa a una vida normal y es reemplazada por otra niña.

Nos explicaron que la *kumari* es elegida a través de un proceso complejo, casi místico. Debe cumplir con treinta y dos signos de perfección física —desde la forma de sus pestañas hasta el sonido de su voz— y pasar por una prueba de valentía en la que tiene que dormir entre cabezas de búfalo sacrificadas sin mostrar miedo. Además, se cree que mirar a los ojos de la *kumari* otorga bendiciones y buena fortuna. Sin embargo, como se dijo, cuando menstrúa por primera vez —símbolo de que ha entrado en el ciclo biológico humano— deja de ser considerada divina.

Tuvimos la suerte de que, justo en ese momento, la *kumari* salía al balcón. Estuvo allí apenas un minuto, sin mostrar ninguna emoción, mientras la gente le ofrecía dinero y ofrendas.

Nos llamó la atención su expresión neutra, casi ausente. Preguntamos si para su familia era un honor o una condena que su hija fuera elegida.

El guía nos respondió con una sonrisa: «Para nosotros, es una bendición».

Y fue ahí cuando nos dimos cuenta de algo esencial: **nada es bueno ni malo por sí mismo**. Todo depende de cómo te hayan estructurado la cabeza para pensar, del marco mental en el que hayas sido educado. Aquello que para nosotros podría parecer una especie de encierro e incluso una tortura, para ellos es un privilegio. La manera en la que pensamos el mundo no es la única posible. Todo es relativo. Todo es impermanente.

De vuelta al hotel, mientras tomábamos un té, compartimos lo que cada uno había sentido. Nos impresionó cómo en Nepal no se teme a la muerte ni se la dramatiza. Se la integra. Es parte de la vida, no su enemiga. Al recordarla, uno se conecta con lo esencial: **el tiempo, los vínculos, el propósito**.

Reflexionamos sobre cómo muchas veces evitamos hablar de la muerte para no incomodar. Pero aquí, al tenerla tan presente, la vida se vuelve más rica, más urgente, más sagrada. Recordar que algún día moriremos nos ayuda a vivir mejor.

También nos sorprendió la respuesta de nuestro guía cuando Daniela le preguntó si en Nepal sentían rivalidad con China, especialmente por la situación del Tíbet. «Nos gustan los chinos —respondió—, pero no nos gustan algunas cosas que hacen.» Nos pareció una lección de elegancia y sabiduría. En vez de rechazar al otro, separan a la persona de sus actos. Nos imaginamos cómo sería nuestro mundo si todos contestáramos así. En lugar de «no me gustan los franceses» o «los italianos son así», podríamos decir: «Nos encantan, aunque a veces no nos gustan ciertas cosas que hacen». Es una forma preciosa de hablar desde el respeto, incluso cuando se discrepa.

Esa noche, mientras nos metíamos en la cama, sentíamos que algo dentro de nosotros había cambiado. Habíamos mirado a la muerte a los ojos y no nos había dado miedo. Nos había enseñado a vivir con más claridad.

¿Qué es la muerte?

Daniela y yo, mientras hablábamos sobre nuestra percepción de la muerte, recordamos una historia que un gurú nos contó sobre cómo a lo largo de la historia muchos científicos y espirituales concebían ésta como una transición.

Teoría de la transformación del ser humano: energías

Tal y como decía el grandísimo científico Albert Einstein, la energía ni se crea ni se destruye, sólo se transforma. Esto es absolutamente cierto y la ciencia lo ha demostrado con claridad.

¿Cómo afecta la energía a nuestro nacimiento, a nuestra vida y a nuestra muerte? Observando la naturaleza, podemos encontrar la respuesta a todas nuestras preguntas filosóficas.

En la evolución de un ser vivo se aprecia perfectamente cómo funciona la energía a nuestro alrededor. Cuando ves nacer a un bebé después de 34 o 35 semanas de gestación, observas que viene casi sin energía, es pequeño y le cuesta incluso comer. Todavía el 80 por ciento de su fortaleza está en el estado energético anterior al nacimiento. A medida que va creciendo, va absorbiendo energía hasta que alcanza su total y pleno nivel de carga.

Desarrollamos plena energía entre los veinte y los cuarenta años, y a partir de esa edad observamos cómo el ser humano empieza a desgastarse. No es que esté perdiendo energía, sino que parte de ésta se empieza a mover hacia otro estado energético posterior, que será en el que nos encontremos después de la muerte.

Cuando ves a ancianos que prácticamente no se pueden mover y hablan con un hilo de aire, sin fuerza, es porque el 80 por ciento de su energía está ya en el siguiente estado. ¿Cuántas veces hemos visto que las personas muy mayores empiezan a delirar y a hablar con seres que nosotros no podemos ver, e interactúan con ellos como si los tuviesen delante de forma real? Eso ocurre porque en verdad para ellos están ahí, ellos pueden verlos porque su nivel energético está más en el otro lado que en esta vida.

Ocurre lo mismo con los amigos «imaginarios» de los niños pequeños. ¿Cuántos de ellos hablan con amigos invisibles? Y no es que sean invisibles, es que nosotros no los podemos ver, pero eso no quiere decir que no estén ahí. Esos amigos son reales porque los niños todavía están conectados con el mundo anterior y son capaces de sentir a seres que nosotros no vemos, al igual que sucede con los ancianos.

Así percibimos cómo la energía va cambiando, va entrando poco a poco en el cuerpo de un humano, llega a su máxima plenitud y después lo va abandonando para pasar a distintos estados energéticos. Vemos cómo la energía nunca muere, simplemente se transforma.

Aprendizaje esencial

Todo cambia, nada permanece. Ni la alegría ni el dolor. Aceptar la impermanencia es dejar de resistirse a lo inevitable, es aprender a fluir con la vida tal como viene. Aceptar la muerte es abrazar la vida con más intensidad.

Para finalizar el capítulo, grabé el consejo del día para mi nieta Mc.

Consejo 200

Hay tres cosas por las que nunca te debes dejar controlar: por las personas, por el dinero y por experiencias pasadas.

Tras el consejo viene una historia inspiradora para Daniela que le cuento antes de dormir.

El corazón se abre desde dentro

El amor no se impone.

El artista suizo William Holman Hunt representó en uno de sus cuadros a Jesús en un jardín al oscurecer. El Señor sostiene con la mano izquierda una lámpara que ilumina la escena y con la derecha llama a una puerta pesada y oscura.

Cuando el pintor mostró el cuadro por vez primera en una exposición, un visitante echó en falta un detalle.

—En el cuadro hay un fallo —dijo—. La puerta no tiene manilla para abrir.

—No es un error —respondió el pintor—. En ese cuadro he querido representar la puerta del corazón humano. Y éste se abre sólo desde dentro.

9

La compasión (*karuna*)

> El corazón más grande es el que se ofrece sin esperar nada a cambio.
>
> Enseñanza tibetana

Viernes, 25 de abril de 2025

Cada día del viaje había sido una invitación a mirar la vida con otros ojos. Si al llegar aprendimos a dar, y después a soltar, esta vez el camino nos hablaba de algo aún más profundo: la compasión. No esa condescendiente que mira desde arriba, sino la verdadera.

La que nace de reconocer en el otro lo mismo que vive en nosotros.

La que se ofrece sin esperar nada.

La que abraza sin juzgar.

La que también se practica con uno mismo.

Nuestro tercer día empezó temprano, cuando dejamos Katmandú rumbo a Bután. Nos dijeron que, al salir tan tarde, posiblemente habría neblina y quizá no podríamos ver bien la cordillera del Himalaya y su gran protagonista: el Everest.

Ante ello, nosotros respondimos con la confianza de siempre: «Nosotros estamos bendecidos. Seguro que nuestros ángeles nos acompañan y el cielo se abrirá». ¡Y así fue!

Aunque despegamos en medio de la bruma, al alcanzar cierta altitud el cielo se despejó por completo. Frente a nosotros se desplegó la silueta majestuosa del Himalaya, con el Everest en el centro, como si reinara en silencio sobre todo lo demás. Fue uno de esos momentos que te hacen guardar silencio y respirar más despacio. Verlo desde el aire fue un regalo que nos recordó lo pequeños y afortunados que somos.

Nos sorprendimos mucho al enterarnos de que subir al Everest no sólo es un reto físico, sino también económico. Las tasas locales rondan los 11.000 dólares, y si quieres *sherpas,* oxígeno y ayuda adicional, puedes llegar a pagar entre 100.000 y 200.000 dólares. Los *sherpas* son un grupo étnico originario de las regiones montañosas del Tíbet y Nepal, conocidos por su capacidad para vivir y trabajar en altitudes extremadamente altas. En la actualidad, son más conocidos por su cometido como guías de montaña y porteadores en expediciones al Himalaya, especialmente al monte Everest. Además del coste de la ascensión, debido a la cantidad de gente que lo intenta cada año, ahora es obligatorio que cada persona baje su propia basura, incluidos los excrementos. O sea que, literalmente, cada uno carga con su propia mierda.

El aterrizaje en Bután fue intenso. No sabíamos que estábamos llegando a uno de los aeropuertos más peligrosos del mundo, encajado entre montañas y con una pista cortísima. Menos mal que nos enteramos después, cuando ya habíamos pisado tierra.

Nada más llegar, nos entregaron una bufanda blanca a cada uno. Aunque nuestro guía no hablaba muy bien inglés y no pudimos comprender todos los detalles, sí que entendimos que se trataba de un símbolo de bienvenida, de bendición, de paz. A pesar de no captar todas las palabras, lo sentimos con claridad a través de sus gestos.

El camino hasta nuestro hotel estaba decorado de punta a punta con banderas de colores que representaban los elementos de la naturaleza. Descubrimos que, por pura casualidad, llegamos justo una hora después que el rey de Tailandia, que estaba allí en visita oficial. Eso explicaba el despliegue. Pero para nosotros, cada bandera ondeando era un recordatorio de que estábamos entrando en un país donde la espiritualidad lo impregna todo.

Antes de llegar al hotel, nos llevaron a un gran templo. Como los monjes estaban comiendo, aprovechamos para curiosear un poco por los alrededores. Cuando por fin entramos, lo primero que vimos fue una estatua de una divinidad con mil brazos y mil ojos. Nos contaron que era el dios de la compasión, y comprendimos que ése iba a ser el aprendizaje del día.

Nos llamó muchísimo la atención la cantidad de jóvenes monjes. Algunos eran niños. Daniela, curiosa como siempre, se acercó a uno que no debía tener más de quince años. El chico le sonrió tímidamente y, sin decir nada, le ofreció una pequeña flor de loto. No teníamos palabras. Aquello era lo mejor que tenía y lo compartía sin dudar.

Cuando le preguntó cómo había llegado allí, nos contó que muchos niños ingresan al monasterio no sólo por devoción, sino también porque allí encuentran comida, techo y educación. Pero en su voz no había resignación, sólo paz. Nos explicó que, aunque su vida es austera, se sienten ricos de otra forma con la posibilidad de ayudar a otros, de compartir su calma y sus oraciones con quienes sufren. «Nuestro mayor tesoro es poder ofrecer lo que somos y recibir, a cambio, una sonrisa sincera», nos dijo.

Salimos de aquel templo en silencio, conmovidos e inspirados. Hablamos sobre las infinitas formas que existen para entender la vida, acerca de cómo cada camino es único y, al final, no hay una forma de vivir que sea superior a otra. Ninguna es más correcta ni más feliz. Todo depende de lo que llevamos dentro y de nuestras creencias.

Después de almorzar, para bajar la comida, nos recomendaron una caminata por el bosque hasta un monasterio. Nos dijeron que el trayecto duraría una hora y media, pero nosotros lo hicimos en veinte minutos de ida y veinte de vuelta, y eso que llevábamos a nuestro pequeño acompañante invisible —los casi seis meses de embarazo de Daniela—, que no impidieron que ella caminara como si nada. Al llegar, el monasterio estaba cerrado, pero un monje que andaba cerca, al vernos, nos sonrió y fue a buscar la llave para abrirnos. Aquel gesto —tan sencillo, tan generoso— nos emocionó. Nos permitió entrar, sentarnos a meditar en paz frente al gran Buda.

Mientras nosotros respirábamos hondo, nuestro guía no paraba de hablar, hasta que le pedimos que nos dejara en silencio. A veces, marcar límites es la mejor forma de cuidar lo que uno quiere vivir, y hay que perder el miedo a hacerlo. Un guía puede arruinar o engrandecer una experiencia. El nuestro no hablaba inglés más allá de lo aprendido en el colegio y muchas veces nos costaba comunicarnos con él, pero al menos lo intentaba con la mejor actitud.

Para entretenernos un rato, quiso hacernos una lectura astral según nuestro año de nacimiento. «Luis —comenzó a decir—, tu 1972 corresponde al dios de la compasión. En cuanto a ti, Daniela, 1996 coincide con el dios de la energía y la fuerza.» Y prosiguió: «Luis tiene una capacidad inmensa para ponerse en el lugar del otro, y Daniela, embarazada y todo, sigue caminando, subiendo, escuchando y viviendo con una intensidad contagiosa».

Y, la verdad, en ambos casos acertó.

Al llegar al hotel, nos dieron un masaje, cenamos y nos fuimos a la cama felices de poder seguir viendo el documental sobre Carlos Alcaraz, que justo acababa de salir. Antes de dormir, abrimos unos pequeños rollos de papel que nos habían regalado durante el masaje.

Y entre las frases que leímos, dos hablaban de lo mismo: de la compasión. No nos quedó duda de que ése era el mensaje del día. Una de ellas era del dalái lama: «La compasión no es un lujo, es una necesidad para la supervivencia humana». Otra, de Platón: «Sé amable, porque cada persona que encuentras está librando una batalla de la que no sabes nada».

Aprendizaje esencial

La compasión no es sólo un sentimiento hacia los demás,
es una forma de estar en el mundo.
Significa abrir el corazón sin pedir nada.
Escuchar sin juzgar. Ayudar sin esperar.

Y es también tratarte a ti mismo con la misma ternura con la que tratarías a alguien que amas. Saber escuchar es el mayor acto de compasión que podemos tener con los demás.

Hoy aprendimos que el verdadero poder está en ofrecer lo que somos con humildad y alegría.

Y, como hacíamos cada noche, antes de acostarnos, grabamos el consejo del día para mi nieta Mc.

Consejo 201

Si tu boca permanece callada,
no tendrás conflicto con los demás.
Si tu mente permanece en silencio,
no tendrás conflicto contigo mismo.

Tras el consejo viene una nueva historia inspiradora para Daniela de las que le cuento antes de dormir.

Mujeres mejores que soldados

Conrado III, rey de Germania, en el siglo XII sitiaba con éxito una ciudad que pertenecía al duque de Baviera. Como las consecuencias del cerco se dejaban sentir sobre los habitantes de aquella plaza, las mujeres, desde las almenas, protestaron diciendo que ellas no tenían nada que ver con aquellas guerras y que se les diera licencia para salir con algunas de sus pertenencias.

Cuando lo supo el monarca, accedió, pero con una condición: que ninguna de ellas llevara consigo más de lo que pudiera acarrear por sí misma. Así se hizo.

Una vez dada la orden, el rey pudo observar cómo salían las mujeres una a una llevando a sus hijos o a sus maridos al hombro. Ante aquel espectáculo, y no pudiendo volverse atrás, Conrado exclamó: «¡Ojalá tuviera en mis ejércitos mil mujeres como éstas!».

10

El yoga y la unión (*yuj*)

> El yoga no trata de tocar los pies, sino de lo que aprendes en el camino hacia ellos.
>
> Enseñanza budista

Sábado, 26 de abril de 2025

A estas alturas del viaje, ya habíamos aprendido a dar, a soltar y a abrir el corazón. Pero ahora el camino nos invitaba a mirar hacia dentro, a explorar algo más sutil, pero igual de poderoso: la unión.

Unión del cuerpo con la mente.

De la respiración con el momento.

Del silencio con el alma.

En Bután, esa unión se vive, se respira, se cultiva.

Aquel día madrugamos. Nos habían dicho que a las 7.30 de la mañana podríamos asistir a una clase de yoga en la librería del hotel. Aunque a mi padre siempre le ha atraído todo lo espiritual, hasta el momento nunca había probado esta disciplina. Yo, en cambio, lo había practicado muchas veces y se la recomendé con entusiasmo.

Lo curioso es que, sin que nosotros lo supiéramos, el hotel había contratado a una profesora particular sólo para nosotros. Nos enteramos al llegar, cuando vimos que no había nadie más. Si no hubiésemos asistido, aquella mujer habría acudido para nada, lo cual nos habría apenado mucho. Por suerte, ahí estábamos, listos para descubrir una nueva experiencia.

Lo que parecía una simple clase de estiramientos acabó en sudor, concentración y una energía especial que nos acompañó el resto del día. Después de la clase, mientras Luis meditaba en silencio, yo aproveché para echarme una siesta a su lado. El yoga había dejado a cada uno justo donde necesitaba estar.

Después del desayuno, nuestro guía nos vino a buscar. Le preguntamos cuál era, para él, el verdadero sentido del yoga. Su respuesta fue sencilla: «Hoy lo van a entender, porque vamos a caminar hacia la naturaleza». A continuación, ascendimos por un sendero empinado entre montañas, ríos, abetos y pinos. El aire olía a tierra húmeda y hojas. Sentíamos el cuerpo activado y la mente despejada. Al llegar a lo alto, nos encontramos con una de las imágenes más impresionantes del viaje: el gran Buda que preside desde lo alto de Thimphu, rodeado de cielo y silencio.

Es una de las esculturas más impresionantes y emblemáticas de Bután. Se cree que este Buda tiene un significado espiritual muy profundo, ya que está situado en un lugar considerado sagrado y en su interior tiene más de 100.000 estatuas más pequeñas del Buda. Esto lo convierte en un centro de meditación y reflexión espiritual para los butaneses y los turistas.

Mientras observábamos al gran Buda, nuestro guía, que había sido monje cuando era joven, nos contó una historia que, según él, explicaba lo que significa realmente el yoga.

—Imagina que eres un árbol —comenzó—. Un árbol crece hacia el cielo, pero sus raíces están bien profundas bajo el suelo. El tronco conecta el cielo y la tierra, mientras que las ramas se extienden por todas partes. El viento mueve las hojas, pero el árbol siempre se mantiene firme, con las raíces bien sujetas. El yoga es como ese árbol. Nuestro cuerpo es el tronco, nuestra mente son las ramas y nuestra respiración es el viento.

»Cuando estamos en el momento presente, nuestra mente y nuestro cuerpo se alinean, igual que las raíces del árbol que están conectadas con la tierra y el cielo. El yoga nos enseña a mantener esa estabilidad, sin importar lo que pase a nuestro alrededor. Y cuando logramos esa conexión —concluyó— podemos estar en paz con nosotros mismos y con todo lo que nos rodea. Es como ser uno con el árbol, uno con la naturaleza, uno con todo lo que vive.

Sin necesidad de más palabras, comprendimos. El yoga no consiste únicamente en una serie de posturas. Es presencia, es conexión, es estar ahí, por completo, con lo que nos rodea y con lo que sentimos por dentro.

Más tarde, visitamos una de las tantas estupas del país. Una estupa es una estructura budista que alberga reliquias sagradas, como restos de monjes o enseñanzas de Buda. La verdad es que, llegados a ese punto, empezábamos a confundirlas. Todas parecían iguales a nuestros ojos, aunque nuestros guías nos las presentaban como si cada una fuera la octava maravilla del universo.

Visitamos también el gran fuerte de Thimphu, donde se encuentra el palacio real. Pero lo más especial del día llegó después de comer, cuando nos invitaron a una ceremonia privada con monjes budistas.

Ascendimos a la cima de una montaña tras caminar durante casi una hora por un sendero estrecho y empinado rodeado de vegetación. Al llegar, encontramos un monasterio solitario habitado sólo por dos monjes. Nuestro guía habló con ellos y, aunque no entendimos lo que les dijo, intuimos que les prometió una buena propina a cambio de abrirnos el templo. Y así lo hicieron. Lo abrieron sólo para nosotros.

Después, recibimos bendiciones, practicamos una meditación frente a un gran Buda y nos sentamos en silencio largo rato, respirando profundamente. Ese silencio no era vacío. Era pleno. Era unión. El yoga, la meditación, el silencio... Todo encajaba, como piezas de un puzle que estábamos armando sin ser conscientes de ello.

En el camino de vuelta, nos pasó algo que ahora recordamos con una sonrisa. Las nubes se ponían negras y el guía, preocupado, nos ofreció paraguas. «No te preocupes —le dijimos—, nosotros estamos bendecidos. El universo nos cuida. Sólo lloverá cuando lleguemos al coche.» Y así fue. Durante toda la caminata de regreso no cayó ni una gota. Sólo cuando abrimos la puerta del coche comenzó a chispear. Y cinco minutos después, una tormenta brutal.

Mucha gente nos dice que estas cosas que nos pasan son fruto de la casualidad. Nosotros preferimos llamarlo causalidad. Porque cuando uno está en paz, alineado, en silencio y en unión con todo lo que le rodea, ocurren cosas que ya no parecen coincidencias. Empiezas a fluir con la vida. Y la vida, como respuesta, fluye contigo.

Entre mi padre y yo, cuando esto ocurre, siempre nos miramos y decimos: «Ya están los angelitos». Desde pequeña, mi padre siempre me ha dicho que todos nacemos con dos angelitos, pero que si no les hablamos ni jugamos con ellos, se acaban yendo. Así que, desde que tengo uso de razón, hablo con ellos todos los días, casi siempre antes de dormir, para agradecerles el haber podido disfrutar un día más de esta vida.

Pero aún nos quedaba una última sorpresa. Al volver al hotel, nos obsequiaron con los típicos rollitos de papel con mensajes escritos, regalo del centro de bienestar. Cada uno contenía una frase del dalái lama. Dos de esas frases hablaban, una vez más, de la compasión y la unión.

Sonreímos. Como si el universo nos estuviera susurrando que vamos por buen camino.

Aprendizaje esencial

El yoga no es una postura ni una moda. Es una herramienta para reconectar contigo, para escucharte, para estar presente.

La verdadera paz nace cuando mente, cuerpo y espíritu caminan de la mano.

Lo que llamamos yoga es mucho más que movimientos o respiraciones; es una forma de *mindfulness*, de plena conciencia. Es el acto de estar presentes en el aquí y el ahora, siendo conscientes de nuestro cuerpo, nuestra mente y nuestro espíritu.

Ese ser consciente es el primer paso para conectar con el mundo que nos rodea. Cuando nos unimos con nosotros mismos, podemos abrirnos de forma auténtica a los demás y a todo lo que sucede a nuestro alrededor: unirte contigo mismo es el primer paso para unirte al mundo.

La infelicidad por el cuerpo

Cuando viajas por el mundo, ves que todas las culturas comparten las mismas creencias, aunque las explican de distinta manera.

El monje que nos acompañó en nuestro viaje a Egipto nos habló sobre cómo en su cultura entienden que hay que conseguir separar la infelicidad que viene creada por el apego que tenemos con nuestro cuerpo.

Nos explicó que un ser humano es simplemente energía atrapada dentro de un cuerpo físico. Venimos de un estado energético anterior, que no conocemos, y nos iremos a otro estado energético posterior, que también desconocemos. En medio, es decir, entre el estado anterior y el posterior, hay un período al que denominamos «vida», y durante éste, nuestra energía está concentrada, sobre todo, en un cuerpo.

Según nos contaba, estamos completamente conectados con el universo, y si fluimos con él y nos dejamos llevar por las fuerzas que lo rigen, tal y como hacen los planetas y las estrellas, todo va correctamente y nos encontramos bien. Sin embargo, el cuerpo tiene la tendencia de transitar en contra de esas energías, al obedecer a malos consejos que nos lanza lo que llamamos nuestro ego, que nos hace creer que podemos oponer resistencia a estas fuerzas. Intentamos controlar todo lo que sucede alrededor cuando, aparentemente, todo sería tan sencillo como dejarnos llevar.

Las cosas que nos hacen infelices en esta vida son todas relativas al cuerpo. Si te las imaginases sin tu cuerpo, verías que no tendrían importancia. Por ejemplo, el deseo de tener propiedades: no te valdrían para nada si no tuvieses un cuerpo.

En cuanto a perder seres queridos, si no tienes cuerpo y eres pura energía, entiendes que ellos no se van, porque también serían pura energía y ésta siempre está junta y concentrada, por lo cual no tendrías sensaciones de pena ni de tristeza, ni de dolor ni de nostalgia.

Si analizamos bien las sensaciones que nos causan infelicidad en determinados momentos de nuestra vida, todas están generadas por nuestro cuerpo.

Como cada noche, antes de acostarnos, mi padre grabó el consejo del día para mi hija Mc.

Consejo 202

La gente piensa que se consigue el éxito haciendo cosas extraordinarias.

El éxito se consigue haciendo bien cosas ordinarias todos los días.

Tras el consejo, viene una historia inspiradora para Daniela.

Hacer posible lo imposible

En la Universidad de Berkeley, durante un curso de matemáticas, un estudiante llegó tarde al aula y, al acabar la clase, se dio cuenta de que el profesor había escrito dos problemas en la pizarra. Supuso que eran tareas, así que las copió en su bloc de notas para resolverlas más tarde.

Al principio, los problemas le parecieron bastante difíciles. Sin embargo, perseveró, y estuvo horas en la biblioteca recopilando referencias y estudiando hasta que logró resolver uno, aunque era todo un reto.

Para su sorpresa, el profesor no preguntó a nadie por la tarea en la siguiente clase. Lleno de curiosidad, el estudiante se levantó y preguntó:

—Doctor, ¿por qué no pidió la tarea obligatoria de la clase anterior?

—¿Obligatoria? No se trataba de eso, simplemente estaba presentando ejemplos de problemas matemáticos que la ciencia y los científicos aún no han resuelto —contestó el maestro.

Sorprendido, el estudiante respondió:

—¡Pero yo resolví uno de ellos!

La solución que descubrió el alumno finalmente se le atribuyó a éste y así quedó documentado en la Universidad de Berkeley. Los cuatro artículos que escribió sobre el tema están registrados en dicha institución.

La razón principal por la que el estudiante pudo resolver el problema fue que no escuchó al profesor decir: «Nadie ha encontrado una solución». En cambio, creyó que era un reto que valía la pena abordar y así lo hizo, sin frustración, hasta lograr por fin el éxito.

Esta historia sirve como recordatorio: no escuches a quienes te dicen que no puedes lograr algo, ya que muchos jóvenes hoy en día están rodeados de negatividad y dudas. Algunas personas siembran de forma intencionada las semillas del fracaso y la frustración.

Tienes el poder de alcanzar tus metas, superar obstáculos y cumplir tus aspiraciones. Simplemente, confía en Dios y sigue intentándolo.

El estudiante era George Dantzig, quien demostró que, en el contexto de la prueba t de Student, la única manera de crear una prueba de hipótesis cuya potencia sea independiente de la desviación estándar es usar una prueba absurda que siempre tenga la misma probabilidad de rechazar o no rechazar, lo cual, por supuesto, no es práctico.

11

El camino del medio (*madhyamaka*)

El camino hacia la paz es el equilibrio entre los extremos de la vida.

Enseñanza del budismo tibetano

Domingo, 27 de abril de 2025

Si hay una palabra que define nuestra experiencia en Bután, esa palabra es *equilibrio*. Desde cómo sus habitantes se relacionan con la naturaleza hasta cómo manejan sus emociones, su cultura está basada en evitar los extremos y encontrar la armonía entre opuestos. Esta idea, que ellos llaman *madhyamaka*, es el equivalente a lo que conocemos como el **camino del medio**.

Aquel día salimos temprano de Thimphu rumbo a Punakha. Atravesamos montañas serpenteantes, con niebla baja y colores que cambiaban a cada curva. El trayecto en sí ya nos hablaba del equilibrio: subidas, bajadas, curvas lentas, vistas despejadas... Como la vida misma.

Al llegar a Punakha, una de las visitas obligadas era el gran *dzong*, el fuerte que se alza majestuoso en la confluencia de dos ríos. Nos contaron que uno de ellos es Pho Chhu ['río macho'], de aguas rápidas y violentas, y el otro Mo Chhu ['río hembra'], mucho más tranquilo y sereno. Allí mismo, donde se abrazan, construyeron el fuerte más emblemático de la región.

No era casualidad. El lugar fue elegido precisamente por estar entre los dos extremos, en el punto de encuentro entre la fuerza y la suavidad, entre el ímpetu y la calma. Nos pareció un símbolo bellísimo: el equilibrio verdadero no está en renunciar a una parte de ti, sino en **saber convivir con tus dos aguas.**

Nos reímos cuando nos contaron que incluso para hacer *rafting* te preguntan: «¿Río macho o río hembra?». Y entendimos que la pregunta es válida también fuera del río: «¿Desde dónde estás actuando hoy? ¿Desde la fuerza o desde la serenidad? ¿Y no será mejor encontrar ese lugar donde ambas cosas coexisten?».

Aquella mañana, antes de salir de Thimphu, Daniela se despertó con un fuerte malestar. Náuseas, temblores, la respiración acelerada. En principio, pensamos que sería por la cena del día anterior, alguna especia, tal vez. Pero no. Estábamos a 3.500 metros de altura.

Era el mal de altura. Ese aviso silencioso que da el cuerpo cuando se ha subido demasiado rápido sin escuchar. Fue un pequeño golpe de humildad. Nos dimos cuenta de que habíamos ido demasiado deprisa, de que no habíamos respetado el ritmo de la montaña. Ni el del cuerpo.

Sentados al borde de la cama, mientras respirábamos profundo y el día amanecía, aprendimos una lección importante: **el cuerpo también habla**, y cuando lo hace, hay que escucharlo. Habíamos ignorado las señales —la sed, el cansancio, el pulso acelerado— hasta que ya no se podían pasar por alto.

Y el mensaje era claro: detente. Vuelve al equilibrio.

Más tarde, paseando despacio por las calles silenciosas, vimos un bambú inclinarse bajo el viento. No se rompía. No luchaba. Simplemente se doblaba y seguía en pie. Era una imagen perfecta del camino del medio. Ese día fuimos conscientes de que el equilibrio no es una meta que se alcanza una vez y ya está. Es una **conversación constante con uno mismo**. Es saber cuándo empujar y cuándo ceder. Cuándo avanzar y cuándo esperar. Cuándo hablar y cuándo callar.

Pensamos en cuántas veces, por querer más, terminamos perdiéndonos. Y cómo en Bután, en cambio, cada gesto, cada pausa, cada silencio está lleno de propósito.

Después de visitar el fuerte, caminamos hacia uno de los tantos templos escondidos en la montaña. Estábamos rodeados de vegetación, escuchando el sonido del agua y los pájaros, cuando nuestro guía —con su inglés más intuitivo que fluido— nos explicó lo que significa *madhyamaka.* No hay una traducción exacta, pero la idea era ésta: «Ningún extremo es bueno. La vida es equilibrio. El equilibrio es paz. Y al final, el equilibrio, en su forma más pura, es el arte de mantener en armonía el cuerpo, la mente y el espíritu». Lo dijo así, con sencillez, como si fuera obvio. Y quizá lo es, pero lo habíamos olvidado.

A veces, creemos que tenemos que elegir entre trabajar

o vivir, entre cuidarnos o cuidar, entre movernos o parar. Pero no se trata de elegir. Se trata de sostener ambos extremos con ternura, de caminar entre ellos sin caer ni a un lado ni al otro.

En ese momento, recordamos algo que solíamos decirnos al comenzar el viaje: que la verdadera felicidad no estaba en que todo estuviera perfecto, sino en saber disfrutar del punto medio entre lo que uno desea y lo que la vida ofrece.

Pensamos en nuestra familia, en nuestro trabajo, en nuestro cuerpo, en nuestra mente, en nuestra espiritualidad. Todo requiere atención. Todo necesita equilibrio.

Mantener todo eso en el aire —como si fuésemos malabaristas— sólo es posible si estamos en el centro, si caminamos en paz, si elegimos el camino del medio.

Aprendizaje esencial

El equilibrio no se impone, se escucha.
No es una posición rígida, sino un baile sutil entre lo que eres, lo que sientes y lo que haces.

El camino del medio nos recuerda que vivir bien no es vivir más rápido ni más fuerte: es vivir más presente, más alineado, más en paz. Aquel día entendimos que **el equilibrio no es un punto final, sino una forma de caminar**.

Y como hacíamos cada noche, antes de acostarnos, grabé el consejo del día para mi nieta Mc.

Consejo 203

En una ocasión, un estudiante estaba con su maestro buda en el bosque, sentado a la orilla de un arroyo.
—Maestro, ¿cuál de las religiones tiene todas las respuestas? —le preguntó.
El maestro, tras agacharse y recoger del suelo unas cuantas hojas, le contestó:
—Éstas que ves no son todas las hojas del bosque, al igual que ninguna de las religiones te puede dar todas las respuestas

que buscas. Debes encontrar en todas y cada una de las religiones las respuestas que te den más paz interior.

Tras el consejo, viene una historia inspiradora para Daniela.

La silla vacía

Una de las cosas más importantes que he intentado inculcar a Daniela es lo que llamo «las 4 D». Significa que para conseguir algo debes tener claro el foco, saber a dónde quieres llegar. Como un barco, necesitas saber dónde está tu puerto.

Las 4 D son el **deseo** de hacer algo, la **decisión** de ponerte en marcha para lograrlo, la **disciplina** para recorrer el camino y la **determinación** para levantarte cuando caigas. El poder de la decisión se lo enseñé con la historia siguiente.

Al terminar primero de BUP, me cambiaron a otro colegio para pasar a segundo, que era el equivalente a cuarto de la ESO en la actualidad. Al llegar el primer día de clase, me sorprendió ver que había una silla solitaria junto a la mesa del profesor, encima de la misma tarima y mirando hacia la pizarra.

Los alumnos, según íbamos llegando, nos sentamos en las sillas de la clase normal a nuestro antojo. Cuando ya estábamos todos sentados en orden, entró el profesor, un personaje muy particular. Era una mezcla entre Einstein y el doctor Frankenstein. Se llamaba Vicente. Se acomodó en su pupitre y su primera frase no la olvidaré jamás.

—Qué lástima, porque me da la sensación de que este año, en esta clase, no hay ningún verdadero triunfador.

Todos quedamos en silencio hasta que, a los pocos segundos, él mismo preguntó:

—¿Nadie quiere saber por qué?

Obviamente, todos contestamos que sí. Y prosiguió:

—Esta silla es la mejor de la clase. Es la que está más cerca del profesor y la pizarra, pero nadie se ha atrevido a sentarse ahí, porque es la mesa de los valientes. Tiene toda la clase detrás, le estarán observando y juzgando durante todo el año, pero al que se sienta aquí no le importa, porque solamente mira hacia delante y le da igual lo que opinen los demás. Ésos son los verdaderos triunfadores.

»Esta silla es una oportunidad de haber estado en el mejor sitio de la clase y la habéis perdido. Hay pocas sillas a lo largo de la vida de cada persona, pocas oportunidades, por lo que espero que hayáis aprendido la lección y la próxima vez que veáis una oportunidad, la cojáis los primeros.

Aquélla fue una de las mejores lecciones que me dio la vida. Me dio mucha rabia haber perdido esa silla, porque el profesor tenía toda la razón.

Lo bueno de aquella historia es que salí de la clase convencido de que cogería todas las sillas que se presentasen en mi camino. Y eso es lo que he intentado transmitirle y enseñarle a Daniela toda su vida. Que éste es **el poder de la decisión**. La decisión te abre puertas y la indecisión te las cierra.

Que sepa aprovechar las oportunidades que tenemos en la vida. Que siempre coja la mejor silla que encuentre.

Ésas son las verdaderas oportunidades.

¡Hay que decidir y cogerlas!

12

El *dharma*

> El *dharma* es vivir de forma que nuestras acciones reflejen lo que nuestro corazón ya sabe que es correcto.
>
> Conversación con el capitán del *rafting*

Lunes, 28 de abril de 2025

Cuando comenzó a llover sobre nuestra tienda de campaña en Pelka, creímos que el día se desmoronaba. Pero, como nos ha pasado tantas otras veces en nuestros viajes, lo que parecía un contratiempo terminó siendo una bendición disfrazada de nube.

Después del desayuno, el cielo se abrió como por arte de magia y emprendimos una caminata hacia la cima de una montaña. Allí nos esperaba, para variar, una estupa.

Sabíamos que aquél sería un día para aprender sobre el *dharma*, esa palabra que tantas veces habíamos escuchado y que ahora, por fin, íbamos a comprender con el cuerpo, con el alma y con los pies llenos de barro.

El *dharma* es difícil de traducir con exactitud, pero, en palabras simples, es el **camino correcto**. En el hinduismo y el budismo, se trata de vivir de acuerdo con nuestros valores, actuar con coherencia y contribuir al bienestar común. No es sólo una idea espiritual: es una forma de vivir con propósito, en armonía con uno mismo y con los demás.

Mientras subíamos por el sendero, nos cruzamos con varios campesinos que vendían sus productos locales: frutas, semillas, pequeñas hierbas recolectadas de la montaña... No tenían mucho. De hecho, sus puestos eran una manta en el suelo, pero todos ellos nos regalaban una sonrisa. No necesitábamos nada de lo que vendían, pero sabíamos que el *dharma* no consiste sólo en dar, sino en **hacer sentir valioso al otro**. Así que nos llevamos algunas cosas. Si sólo hubiésemos dejado dinero, podrían haber sentido lástima. Sin embargo, si comprábamos, les estábamos diciendo: «Lo que haces importa. Lo que ofreces tiene valor». Y ahí entendimos que el *dharma* no es sólo hacer el bien, sino pensar cómo ese bien es recibido.

Nos habían dicho que la ascensión duraba una hora y media, pero, para nuestra sorpresa, la hicimos en dieciséis minutos. Daniela, con su barriga de más de cinco meses, subió como si el bebé la empujara cuesta arriba. Nuestro guía, en cambio, acabó sudando, descompuesto, sin poder articular palabra. Al llegar a la estupa, justo cuatro minutos antes del cierre, el guarda del templo, al vernos solos, nos ofreció abrir la azotea. Subimos. Y desde allí contemplamos el valle entero. Una vista grandiosa, en medio del silencio, que nos recordaba lo pequeños que somos y, al mismo tiempo, lo conectados que estamos con todo.

Más tarde, ya de regreso al río, practicamos *rafting* durante una hora y media. El agua nos sacudía, nos empapaba, nos hacía reír. Fue en medio del trayecto cuando surgió una conversación que no olvidaremos. Nuestro capitán del *rafting*, un hombre de rostro sereno y voz profunda, nos preguntó si sabíamos qué era el *dharma*. Le dijimos que estábamos intentando entenderlo.

Y él nos explicó que el *dharma* es el camino correcto. «Es como este río —prosiguió—. No se detiene, no discute con las rocas, no se enoja con los desvíos. Sólo sigue fluyendo. Aunque haya obstáculos, no pierde su dirección. Ése es el *dharma*: fluir en paz, sin perder tu verdad».

Nos quedamos en silencio mirando el agua. Nunca una definición había sido tan clara.

Nos transmitió que la felicidad no se mide en dinero ni en PIB, sino en el hecho de que las personas puedan vivir en armonía consigo mismas, con su comunidad y con la naturaleza.

«En mi país —concluyó—, el desarrollo material y el espiritual van juntos. El uno sin el otro no sirven de nada.»

Y entonces entendimos por qué Bután es como es: porque tiene claro su norte interno.

Al llegar al gran fuerte de Punakha, tuvimos la oportunidad de asistir a una ceremonia de rezos con los monjes. Tenía una enorme fuerza. Las voces se entrelazaban como olas en un mar sin tiempo. Al salir, volvimos a pasar por el crematorio. El olor nos devolvió inmediatamente a Katmandú, al templo de Pashupatinath. Y, una vez más, la vida nos recordaba que todo está conectado.

Para acabar el día, visitamos también el puente colgante más largo del país. Algo después, cuando ya habíamos regresado al hotel, y tras una ducha y un rato en el gimnasio, recibimos una noticia surrealista: España se había quedado sin luz. ¡Todo el país estaba a oscuras!

Nos dimos cuenta porque, tanto Daniela como yo, teníamos a las 17.00 hora española una reunión por Zoom a la que nadie se conectó. Al principio nos sorprendió la casualidad de que nadie hubiese asistido, pero al recibir la noticia del apagón, nos miramos y no pudimos evitar sonreírnos. Sentimos que estábamos en un camino espiritual, donde el trabajo debía quedar atrás, y nos dimos cuenta de que estar juntos, disfrutando y siendo conscientes del momento presente era un regalo, así que no podíamos dejar que ninguna cosa o «problema» externo interfiriera.

Durante la cena, el camarero que nos atendió se llamaba Karma. No podía ser más simbólico. Era como si el universo nos susurrara que la última enseñanza del viaje estaba justo ahí, servida con arroz y verduras.

Al día siguiente partiríamos hacia Paro. Esa noche supimos que algo en nosotros había cambiado para siempre.

Aprendizaje esencial

El *dharma* no es una regla. Es una brújula interior. Una forma de vivir con coherencia, con respeto, con intención. Significa hacer lo correcto, incluso cuando nadie mira. Actuar con amor, incluso cuando es difícil. Y caminar por el mundo sabiendo que cada paso puede ser parte de algo más grande.

Hoy entendimos que cumplir con tu *dharma* es sembrar armonía en cada acción que realizas.

Como cada noche, antes de acostarnos, grabé el consejo del día para mi nieta Mc.

Consejo 204

Si tienes que escoger entre alguien que te ama
o alguien que se preocupa por ti, escoge siempre
a la persona que se preocupa por ti.
El que dice que te ama no siempre se preocupa por ti,
pero el que se preocupa por ti, siempre te ama.

Tras el consejo, como es habitual, viene una historia inspiradora que cuento a Daniela antes de dormir.

La flor y la mariposa

Cierta vez, un hombre pidió a Dios una flor y una mariposa, pero Dios le dio un cactus y una oruga.

El hombre quedó triste, pues no entendió por qué la respuesta a su petición llegó errada. Luego pensó: «Con tanta gente que atender, es normal que no pueda ocuparse de todo el mundo». Y decidió no darle más vueltas.

Pasado algún tiempo, el hombre fue a verificar la petición que había dejado olvidada. Y, para su sorpresa, del espinoso y feo cactus había nacido la más bella de las flores. Y la horrible oruga se había transformado en una bellísima mariposa.

13

El karma

Cuando un pájaro está vivo, come hormigas. Cuando un pájaro está muerto, las hormigas se lo comen a él. El tiempo y las circunstancias pueden cambiar en cualquier momento, no infravalores ni dañes a nadie en la vida.

Hoy puedes ser poderoso, pero recuerda que el tiempo es más poderoso que tú, un árbol puede crear millones de cerillas, pero una sola cerilla puede quemar millones de árboles.

Lecciones de la vida. Karma

Lo que siembras es lo que cosechas: tus acciones siempre tienen repercusiones.

Enseñanza budista

Martes, 29 de abril de 2025

Habíamos amanecido en Punakha con el cuerpo descansado, pero el alma todavía vibrando por las experiencias de los días anteriores. Nos esperaba un trayecto largo hasta Paro y, como siempre, los guías insistían en salir al amanecer. Pero nosotros —como ya es costumbre en nuestros viajes— marcamos nuestras propias reglas.

Desayunamos tranquilos, nos dimos un chapuzón en la piscina privada de la villa, pasamos por el gimnasio y salimos hacia Paro al mediodía. Nos dijeron que no llegaríamos a tiempo para ver el fuerte ni el templo más antiguo de Bután, pero, confiando en nuestra suerte —o, quizás, en nuestros ángeles—, seguimos adelante.

Llegamos al fuerte a las 15.50 h. ¡Justo a tiempo! Y luego, aunque nos aseguraron que el templo ya estaría cerrado, también lo encontramos abierto. Un gran grupo de visitantes se había retrasado, lo que nos permitió entrar. Y no sólo eso, sino que cuando se marcharon, nos quedamos completamente solos. Prácticamente, hicimos una visita privada al templo más antiguo de Bután. Lo que parecía imposible se volvió mágico. Así es cuando fluyes en sintonía con la vida.

Después, renunciamos a la visita guiada a pie y recorrimos en coche las calles de Paro. Estábamos cansados, pero felices, y preferimos ver el pueblo desde un automóvil entre risas, música y pódcast. Ese día, escuchamos una entrevista sobre el creador de Playtomic. A los dos nos encantan esas historias de emprendedores: nos inspiran, nos dan ideas y nos recuerdan que todo empieza con una chispa y se construye con constancia. Pero la verdadera enseñanza del día no vino del pódcast ni del templo ni del fuerte. La enseñanza de aquel martes tenía otro protagonista: el karma.

Estábamos hablando con nuestro guía, Prabin, y le preguntamos directamente:

—Para ti, ¿qué es el karma?

Nos miró con calma, como si ya esperara esa pregunta. Y lo que nos regaló fue una conversación que no olvidaremos nunca.

Nos encontrábamos sentados a orillas de un río cristalino, bajo la sombra suave de los árboles que rodeaban el valle. El aire fresco de las montañas nos envolvía. Prabin nos dijo:

—El karma, mis amigos, no es sólo un concepto filosófico. Es una ley universal, una energía que fluye a través de todos nosotros. En Bután, lo entendemos como el principio de causa y efecto. Cada acción, palabra o pensamiento tiene una repercusión, no sólo en nuestra vida, sino también en la vida de los demás.

—Entonces, ¿el karma es como un balance? —preguntó Daniela—. Si hago algo bueno, ¿algo bueno me sucede?, y si hago algo malo, ¿algo malo me ocurre?

—No exactamente. El karma no es un simple intercambio. Es más profundo —contestó Prabin—. Cada acción, aunque parezca pequeña, genera una vibración que afecta el tejido de la vida. No siempre verás las consecuencias ahora. A veces, los efectos llegan más tarde, incluso en otra vida. Es como lanzar una piedra en un lago, las ondas no desaparecen al instante, se propagan mucho después.

—Entonces..., ¿la intención importa más que el resultado? —pregunté yo.

—Exacto. El karma se mide por la intención. Si actúas desde la compasión, desde el amor, incluso si el resultado no es perfecto, estás generando karma positivo. Pero si lo haces desde el ego, aunque todo salga «bien», el karma será negativo —respondió Prabin.

—¿Y si nos equivocamos? ¿Podemos cambiar el karma? —quiso saber Daniela.

—Por supuesto —dijo Prabin—. El karma no es una condena. Es un camino. Si hay arrepentimiento sincero, si hay voluntad de mejorar, puedes transformar tu karma. Lo importante es actuar con conciencia. Reconocer, aprender, reparar.

—¿El karma sólo afecta a personas, o también a pueblos y a países? —siguió preguntando Daniela.

—Existe el karma colectivo. Las naciones también generan karma con sus decisiones. Si destruyen la naturaleza, si olvidan la compasión, acumulan karma negativo. Pero si cultivan la paz, la justicia y el bienestar común, también siembran armonía —nos dijo Prabin.

—¿Y cómo podemos vivir de forma más positiva? —intervine yo.

—Viviendo con intención. Preguntándote siempre: «¿Esta acción es beneficiosa para los demás? ¿Estoy actuando desde un lugar puro?». La meditación ayuda a escuchar esa respuesta. El *dharma* y el karma van de la mano: hacer lo correcto, con el corazón limpio, es el mejor camino hacia una vida plena.

—Entonces, ¿el karma es un espejo del alma? —preguntó Daniela.

—Sí, y también una red invisible que conecta todo. Cuando entiendes que cada cosa que haces, por mínima que sea, tiene consecuencias, empiezas a vivir más despacio. Con más presencia. Con más amor —afirmó Prabin.

Gracias por compartir todo esto —concluyó Daniela—. Lo que más nos gusta de estos viajes es encontrar personas como tú, que nos hacen pensar.

—Yo sólo soy un río. Vosotros elegís si queréis lanzar piedras o navegarlo con sabiduría —contestó él.

Ese día también aprendimos algo curioso: el dalái lama, a quien creíamos líder de todo el budismo, en realidad sólo lo es de una de las cuatro escuelas. Descubrimos que el karma hizo que fuese expulsado del Tíbet y que, irónicamente, esa tragedia fue lo que lo llevó a ser conocido en todo el mundo. Si no hubiese sido así, probablemente hoy sería tan desconocido como los otros tres lamas.

Y, además, supimos algo aún más fascinante: que el dalái lama es considerado la reencarnación número catorce del dios de la compasión. Era como si todo en este viaje, desde el primer día hasta ese momento, hubiera girado en torno a lo mismo: dar, soltar, unirse, equilibrarse, caminar con propósito y actuar con conciencia.

Al cerrar el día, hicimos una mención especial a alguien que se había convertido en un símbolo de esta enseñanza. Nos referimos a Kley, nuestro asistente en el hotel. Un hombre humilde, siempre disponible, siempre sonriente, que dormía en una pequeña casita sin ventanas, pero que irradiaba luz a cada paso. Sentimos que era uno de esos ángeles terrenales que el universo pone cerca para recordarte lo que significa el verdadero servicio.

Cuando nos despedimos de él, le dimos una buena propina, pero también le dijimos algo que nos parecía más importante:

—Estamos seguros de que algún día serás dueño de este hotel, porque las personas como tú, que dan sin esperar, son las que realmente merecen todo lo bueno que la vida puede devolverles.

Aprendizaje esencial

El karma no es castigo ni recompensa.

Es consecuencia. Es coherencia.

Es el reflejo de nuestras decisiones.

Y siempre siempre estamos a tiempo de cambiar, de mejorar, de actuar con amor.

Aquel día entendimos que cada gesto, cada palabra y cada silencio **siembra el mundo en el que viviremos mañana.**

Y como hacíamos cada noche, antes de acostarnos, grabé el consejo del día para mi nieta Mc.

Consejo 205

Solamente el 2 por ciento de las personas hacen lo que dicen
que van a hacer. Los demás se pasan toda la vida diciendo
todas las cosas que piensan hacer y nunca las hacen.
Así que el consejo de hoy es: recuerda que eres lo que haces,
no lo que dices que vas a hacer.
Sé de las personas que hacen, y no de las
que cuentan constantemente lo que van a hacer
y nunca pasan a la acción.

Tras el consejo, una nueva historia inspiradora para Daniela antes de dormir.

Ser un hermano como ése (una historia sobre generosidad verdadera)

Era Navidad. Un joven salía de su trabajo cuando un niño de la calle se le acercó, maravillado por el coche nuevo que tenía aparcado frente a la puerta. Un auto reluciente, con un gran lazo rojo, recién salido del concesionario.

—¿Es tuyo? —preguntó el niño con los ojos brillando de admiración.

—Sí —respondió el joven—. Es un regalo de mi hermano por Navidad.

El niño se quedó en silencio. Y el joven, casi por costumbre, pensó que iba a oír lo de siempre: «Ojalá tuviera un hermano así». Pero lo que escuchó fue muy diferente y le cambió la mirada para siempre.

—Ojalá pudiera ser yo un hermano como ése.

Esa frase se le quedó clavada.

A continuación, el niño le preguntó si podía dar una vuelta en su coche. El joven accedió encantado. Subieron. Pero el niño no se limitó a disfrutar del paseo. En un momento, le pidió si podían pasar por su casa.

Llegaron a una pequeña vivienda humilde. El niño entró corriendo. Al cabo de unos minutos, volvió cargando a su hermano pequeño, que tenía una discapacidad física. Lo acomodó con cuidado en el asiento y le dijo:

—Mira, éste es el coche del que te hablé. Algún día, te prometo que te llevaré en uno así para ver todas las luces de Navidad de la ciudad.

Ese día, el joven que había recibido un coche nuevo entendió algo que ningún regalo material le había enseñado jamás. Que hay quienes no sueñan con recibir, sino con dar.

Supo que la generosidad más poderosa no es la que presume, sino la que se proyecta. Que no hace falta tener mucho para darlo todo. Y que el verdadero espíritu de la Navidad, y de la vida, no está en los regalos que recibimos, sino en los que soñamos con ofrecer.

14

Desapego y liberación

La libertad llega cuando liberas tu mente de los apegos.

Enseñanza budista

No todo lo que sube debe conquistarse. Algunas cimas se veneran.

Escuchado en Bután

Miércoles, 30 de abril de 2025

Nos despertamos a las cinco de la mañana sabiendo que ese día nos esperaba algo especial. Íbamos a emprender la subida al Nido del Tigre, ese monasterio suspendido entre montañas que parece flotar sobre el abismo. Se trata de un lugar sagrado y uno de los monumentos más espectaculares del mundo. Sólo por él, todo el viaje ya valía la pena.

Desayunamos algo ligero y enseguida nos entregaron una bolsa con víveres para la caminata. El gesto nos hizo pensar que el trayecto sería duro, pero ya íbamos preparados. No era nuestra primera ascensión importante, un año antes habíamos subido al Sinaí. El año anterior también estaba embarazada en ese momento, aunque esta vez, de más de cinco meses, la tripa ya no se podía disimular. Aun así, sabía que podía hacerlo sin problema, ya que hago deporte todos los días. Y así fue.

En una hora y veinte minutos llegamos al monasterio. Normalmente, se tardan dos horas. Lo hicimos con calma, pero con energía.

Llegar al Nido del Tigre fue como alcanzar un punto de claridad. Recorrimos salas sagradas, cuevas de meditación y espacios donde —según la tradición— el segundo Buda de Bután meditó durante cuatro meses para alcanzar la iluminación. En esos espacios se respiraba otra densidad, como si el tiempo se detuviera y el silencio te envolviera como un manto.

Tras la bajada del monasterio nos llevaron a un pícnic que habían preparado, pero era la típica cosa que hacen para agradar al turista común como si fuera una atracción y, sin lugar a dudas, fue lo peor de todo el viaje. Para nosotros, no tenía demasiado sentido, piensan que te va a gustar porque tiene cierto aire tradicional, pero no nos convenció. Le dije a la gente que me había recomendado el viaje que, sin lugar a dudas, para futuros viajeros tenían que eliminar del programa esa comida.

Empezamos a hablar sobre los dos pilares, el desapego y la liberación. Nada más llegar al hotel, nos preparamos para ir al pueblo de Paro, donde veríamos a un astrólogo que vive en un pequeño monasterio en las montañas. Una vez allí, como estaba previsto, nos entrevistamos con él, un monje especializado en astrología desde hacía 45 años.

Empezó diciéndonos que el animal de ambos era la rata. Al principio no me sonó muy bien, hasta que me explicó que las ratas forman parte de los cimientos de la humanidad. Siempre están en las bases de los edificios, y en el ecosistema forman los pilares de las familias. Efectivamente, en ese aspecto, tanto mi padre como yo nos hemos convertido en un sostén importante de la gente que nos rodea.

El astrólogo siguió exponiendo con voz pausada, nos habló de la muerte, de la reencarnación y de cómo, según el budismo, la vida que estamos viviendo ahora forma parte de un ciclo continuo. Según nos dijo, hasta que no alcancemos la liberación —el despertar espiritual, la iluminación—, seguiremos atrapados en ese ciclo.

Para acercarnos a ese estado de libertad interior, hay un concepto que se repite una y otra vez: el desapego.

Desapegarse no significa dejar de querer o de sentir.

Significa no aferrarse.

No depender.

Aprender a soltar.

Porque, según esta forma de ver el mundo, cuando dejamos de aferrarnos a lo material, a nuestras ideas, incluso a las personas, comenzamos a liberarnos del sufrimiento.

Ese mismo espíritu de desapego y respeto profundo por lo invisible está muy presente en la forma en que la población de Bután se relaciona con su naturaleza. Por ejemplo, muchas de sus montañas más altas no se pueden escalar. No es por una cuestión técnica o de seguridad, sino por algo mucho más profundo: espiritualidad y respeto.

En la cosmovisión tradicional butanesa, muy influida por el budismo *vajrayāna*, las montañas son vistas como moradas de deidades, espíritus protectores (*yul-lha*) y seres divinos. Subir a sus cimas sería como entrar sin permiso en la casa de alguien sagrado. Una falta de respeto.

Por eso, el gobierno de Bután tomó una decisión clara: en 1994 prohibió las ascensiones a montañas por encima de los 6.000 metros.

Entre ellas, destaca el Gangkhar Puensum, la mayor del país (7.570 metros) y una de las más altas del mundo —que nunca ha sido escalada.

No se trata sólo de religión. Esta medida también refleja otras prioridades del país, como la preservación ambiental y el deseo de mantener su identidad cultural sin dejarse arrastrar por el turismo masivo, como sucede, por ejemplo, en el Everest, en Nepal.

Bután es el único país del mundo con una política tan firme de protección espiritual de sus montañas. Y eso dice mucho de su forma de ver la vida. Aquí, el dinero no es lo primero. Su modelo se basa en la «felicidad nacional bruta», un enfoque que pone por delante los valores culturales, espirituales y ecológicos antes que el desarrollo económico inmediato.

En un mundo que corre sin parar, este pequeño reino en el Himalaya nos recuerda que hay otras formas de vivir. Que, a veces, decir no a lo material, al ruido y a la conquista también es una forma de subir, de acercarse a esa liberación interior que todos, de una forma u otra, estamos buscando.

En varias ocasiones, durante el tiempo que duró nuestra experiencia, estuvimos hablando del concepto que cada cultura tiene sobre lo que es el cielo.

Tras muchos viajes, muchas conversaciones con líderes religiosos, monjes, científicos y todo aquel que nos pudiese dar luz sobre esta cuestión, ésta es la respuesta que nosotros podríamos dar en conclusión a lo que entendemos por el concepto de cielo.

¿Qué es el cielo?

El cielo es este universo vivido desde otro estado de energía liberado de tu cuerpo.

Una afirmación con la que todos en el mundo estamos de acuerdo es: hay un único universo, puesto que es infinito, y al ser infinito no puede haber más cosas que el universo en sí. Entonces, si solamente existe el universo, ¿qué es el cielo?

El cielo es este mundo en el que vivimos, no hay más que este mundo, pero hay muchas formas de disfrutarlo. Una de ellas es como lo estamos haciendo nosotros ahora, con la energía atrapada en un cuerpo. Otra de las formas es disfrutar este universo sin estar atrapado en un cuerpo. Eso es lo que nosotros llamamos cielo.

Poder dar libertad al cuerpo, liberarnos de él, es lo que nos permite disfrutar eternamente de este universo.

Cuando eres capaz de liberarte del cuerpo, entiendes que toda la energía está unida y que todos somos parte del universo y somos todo uno. El cuerpo es lo que hace que creamos que el universo está limitado, nos hace creer que nuestro cuerpo se extiende hasta donde acaba nuestra piel y pensamos que lo que hay alrededor son piezas únicas que acaban allí donde acaba su forma, pero cuando te liberas de tu cuerpo pasas a ser sólo energía, y toda la energía se entrelaza entre sí. Ésa es la forma superior de nuestra existencia.

Nuestro mejor estado es aquél en el que podemos ser pura energía y fluir con las fuerzas del universo.

En resumen, lo que entendemos como cielo no es ni más ni menos que este mismo universo vivido desde la experiencia pura de la energía, sin estar atrapado en tu cuerpo.

Y, como hacíamos cada noche, antes de acostarnos, mi padre grabó el consejo del día para su nieta Mc.

Consejo 206

Todos venimos a este mundo con un talento.
El talento que Dios te ha dado no es para que te
lo quedes para ti, es para dárselo a los demás.
Precisamente, tu talento es la mejor manera de servir a otros.
Así que, recuerda: cuando descubras tu talento, ya sabes cuál
es tu mejor herramienta para servir a los demás.

Tras el consejo, para variar, vino una historia inspiradora.

Dualidad de pensamiento

Un alumno le dice a su maestro:

—Maestro, muchas veces tengo dudas sobre cuál es mi acción correcta. A veces, siento que tengo que seguir trabajando para amasar fortuna y otras veces mi cabeza se deprime porque piensa que trabajo tanto que no estoy dedicando el tiempo necesario a mi espiritualidad y mi formación personal.

El maestro le contesta:

—Todos tenemos esa dualidad y la respuesta es muy clara. Cuando libres esa batalla en tu cabeza, recuerda que todo lo material que coseches lo vas a dejar en este mundo y todo el crecimiento espiritual que tengas quedará como aprendizaje en tu alma y viajará contigo vayas donde vayas.

15

Gratitud

> La gratitud transforma tu visión del mundo, ayudándote a apreciar lo que tienes.
>
> Enseñanza budista

Jueves, 1 de mayo de 2025

Como cada mañana, después del gimnasio y de nuestras meditaciones, comenzamos con lo que llamamos nuestra sesión de gracias. Un momento para agradecer el día de ayer, dar gracias por todo lo que tenemos, por todo lo vivido y por lo que vendrá. Mi padre me ha inculcado esta práctica desde que tengo uso de razón y desde que soy pequeñita. Antes de irme a dormir y antes de levantarme de la cama por las mañanas, se me pasan por la cabeza algunas de las cosas por las que dar gracias en mi vida.

Gracias por la vida

Gracias por el día maravilloso que disfrutamos ayer.

Gracias por este viaje y todos los viajes que nos dejáis vivir.

Gracias por acompañarnos a cada paso del camino.

Gracias por hacernos sentir siempre que estáis a nuestro lado.

Gracias por darnos un cuerpo sano, por regenerarnos y por mantenernos fuertes.

Gracias por la fuerza de voluntad que nos regaláis para seguir cada día con nuestros hábitos.

Gracias por ayudarnos a ser una mejor versión de nosotros mismos.

Gracias por los alimentos, por todo lo que tenemos, por todo lo que disfrutamos.

Gracias por hacernos entender que nosotros somos parte de lo que habéis creado y por dejarnos disfrutar de ello.

Gracias por la fe, que nos da la fuerza para construir lo que queramos en este mundo.

Gracias por nuestra vista, nuestras piernas, nuestros brazos.

Gracias por tantas y tantas cosas que nos regaláis cada día.

Es curioso cómo, cuando agradeces de verdad, sientes que te conectas con algo más grande. No es sólo dar gracias por lo material, sino por todo lo que realmente importa. Eso es lo que sentimos y lo que nos ha acompañado todo el tiempo.

Después de nuestra pequeña sesión de gracias, nos duchamos y comenzamos el día con una energía renovada.

Ese día comenzó temprano, a las 5 a. m., con un cielo gris y lluvioso. El pronóstico no era el mejor para nuestro regreso a Katmandú, pero, como siempre, confiábamos en nuestros ángeles. Y lo cierto es que tuvimos suerte, nos asignaron asientos a la derecha del avión y, mientras volábamos sobre las nubes, se despejó el cielo, revelando el majestuoso Everest a nuestra derecha.

El viaje de regreso a Katmandú no fue fácil. Después de aterrizar, Prabin nos advirtió de que el trayecto hasta el hotel sería largo y difícil, ya que la ciudad sería un caos, y tenía razón, el tráfico de Katmandú era una mezcla de anarquía y vida vibrante. Durante el trayecto, nos encontramos con la celebración de un festival en la localidad, y le preguntamos a nuestro guía de qué se trataba. Nos explicó que los nepaleses ofrecían sacrificios a los dioses en agradecimiento por sus bendiciones. Según nos dijo, el chófer era de ese pueblo y nos propuso ir a ver los sacrificios. Por supuesto, dijimos que sí.

Según avanzábamos, empezamos a ver cómo distintos grupos de personas se arremolinaban para llevar a cabo sacrificios de cabras en un acto ritual que nos dejó un poco sorprendidos. Niños, mujeres y hombres, todos alrededor de animales que morían según la tradición. Nuestra primera reacción fue de repulsa, deseábamos distanciarnos de aquella visión tan brutal.

Entonces, sin embargo, una reflexión profunda nos alcanzó. Al final, en todas las culturas tenemos ese tipo de costumbres. En España, el sufrimiento de los animales también está presente en nuestras tradiciones, como en las corridas de toros, la matanza de cerdos o el sacrificio de animales en muchas ferias. Lo que nos sorprendió no fue tanto el acto en sí, sino que, para los nepaleses, se trataba de una manifestación de gratitud, un acto profundo de dar las gracias a los dioses por todo lo que reciben.

Al final, te das cuenta de que las tradiciones se viven en cada país de forma muy distinta, pero que en el fondo todos comparten lo mismo: **el deseo de agradecer por lo que tienen**.

Aquella noche, nos acostamos pensando sobre todo esto. Hablamos sobre cómo diferentes culturas tratan a los animales. Como decía Joaquín Sabina, muchas veces no podemos defender lo indefendible, aunque sabemos que es parte de nuestra cultura. A continuación, conté a Daniela la historia del barco de Teseo y cómo, aunque todo cambia a nuestro alrededor, hay algo que nos mantiene constantes.

Paradoja del barco de Teseo

La historia de Teseo y su barco es una famosa leyenda y también una metáfora filosófica. En la mitología griega, Teseo fue un héroe, conocido por matar al Minotauro en el laberinto de Creta.

La historia del barco se relaciona con su regreso a Atenas. Se dice que el barco en el que Teseo regresó fue conservado por los atenienses durante muchos años. A medida que las partes del barco se desgastaban o se dañaban, eran reemplazadas por nuevas piezas. Con el tiempo, todas las partes del barco original fueron reemplazadas, lo cual nos lleva a una pregunta filosófica interesante: ¿sigue siendo el mismo barco?

Esta cuestión forma la base del famoso dilema filosófico conocido como la paradoja del barco de Teseo, en el que se plantean preguntas sobre la identidad y el cambio a lo largo del tiempo, cuestionando si un objeto que ha tenido todas sus partes reemplazadas sigue siendo fundamentalmente el mismo objeto. Este problema ha sido discutido y analizado a lo largo de los siglos por filósofos y pensadores, y sigue siendo un tema relevante en las discusiones sobre identidad y continuidad.

¿Y cuál es la conclusión más común? La paradoja del barco de Teseo representa un caso semejante a lo que sucede con los seres humanos, que llevamos a cabo una renovación celular a lo largo del tiempo —a ritmos distintos según el tipo de célula—. Así pues, según los expertos, acabamos regenerando casi todas las células de nuestro cuerpo.

Nuestras células se renuevan continuamente, pero, aun así, seguimos siendo los mismos. Lo que hace que sigamos siendo la misma persona, a pesar de cambiar nuestro cuerpo una y otra vez, es **nuestra alma**.

Eso nos hizo reflexionar sobre los animales. Mi padre dijo algo que no se me olvidará: «Lo que me impactó fue la mirada de esas cabras. A veces, siento que los animales son como personas con los mismos sentimientos. Mirarlos a los ojos es ver en ellos una chispa de humanidad que me hace reflexionar sobre lo que significa la vida». Esa reflexión me dio que pensar: «¿Cómo puede ser que todavía no respetemos a los animales tanto como nos respetamos a nosotros mismos?».

Mientras no aprendamos a respetarlos, no podremos conseguir un mundo completamente iluminado. Y eso, claro está, no sólo se aplica a los animales, sino también a nosotros mismos. Lo vemos en las guerras, en los conflictos entre unos y otros, en las pequeñas injusticias cotidianas. Hasta que no nos respetemos entre nosotros, no podremos cambiar el mundo de verdad.

Al final, lo que nos hace a todos iguales es creer. Cuando viajas, te das cuenta de que, aunque parecemos culturas tan diferentes, somos todos iguales. Nuestros rituales, tanto los buenos como los malos, se parecen, se asemejan.

Y aprovecho esta jornada de gracias y agradecimiento en este festival para agradecer a la vida que me enseña con mis experiencias. Porque, al final, todos somos uno y uno somos todos. Cuando miro a mis compañeros, yo existo porque existen ellos, y ellos existen porque existo yo. No somos tan diferentes.

Así que aprovecho este capítulo, titulado «Gratitud», para dar las gracias.

Aprendizaje esencial

La gratitud no se trata sólo de agradecer lo bueno que recibimos, sino de apreciar lo que tenemos, lo que hacemos y lo que nos ha hecho llegar hasta aquí. Practicarla transforma nuestra forma de ver el mundo, ayudándonos a ser más conscientes, más presentes y, sobre todo, más felices con lo que somos y lo que tenemos.

Hoy entendimos que la gratitud es la base sobre la que construimos todo lo que importa en la vida.

Éste fue el consejo del día para mi hija Mc.

Consejo 207

Cuando te encuentres reaccionando con ira o alguien te irrite, fíjate bien, porque parte de tu sabiduría radica en entender que en él estás viendo algo que no te gusta de ti.

Y, por supuesto, a continuación, una historia inspiradora.

El arte es nuestra forma natural de expresarnos

Antes de hablar, los niños cantan.
Antes de escribir, dibujan.
Antes de andar, bailan.
El arte es la base de la expresión humana.

16

Meditación y silencio

El silencio no es la ausencia de ruido, sino la presencia de la paz interior.

Enseñanza budista

Viernes, 2 de mayo de 2025

Hoy es el último día completo de nuestro viaje. Mañana regresaremos a casa. Es curioso cómo, cuando el final está cerca, todo lo vivido parece cobrar aún más profundidad, como si cada paso dado fuera una lección más de vida.

Estamos desayunando en la terraza de nuestro hotel, con vistas al Everest. La neblina aún cubre las montañas, pero ayer tuvimos mucha suerte y por la tarde, desde nuestra habitación, se mostró en todo su esplendor, majestuoso, imponente. Disfrutar de la contemplación de esa montaña tan famosa me dejó sin palabras. La magnitud de lo que la naturaleza nos ofrece es realmente impresionante. No hay duda, el universo está perfectamente diseñado. Está claro que, al crear todo esto, Dios hizo un trabajo maravilloso.

Después de un desayuno ligero, nos preparamos para algo que, desde hace años, es parte esencial de nuestro día a día: la meditación y el silencio. Sabemos que no necesitamos estar en Nepal para hacerlo, pero aquí, entre estos paisajes llenos de espiritualidad, adquieren un significado aún más profundo.

Recuerdo cuando, desde que era pequeña, empecé a enseñar a Daniela la importancia de meditar, de estar en silencio y de escuchar a Dios. Yo le decía que, cuando uno reza, está hablando con Dios, pero cuando medita, está escuchando a Dios. Desde que Daniela tenía nueve años, siempre hemos dedicado un tiempo del día para hablar con Él y, por supuesto, para escucharle. Nuestra pequeña «sesión de gracias» antes de acostarnos, en la que rezamos juntos, es algo que siempre hemos hecho, sin excepción. Es un momento íntimo, en que la gratitud se encuentra con la paz interior.

Para nosotros, la meditación es ese espacio en el que escuchamos nuestro interior, un tiempo para detenernos y sentir qué nos está diciendo el universo o, como a mí me gusta llamarlo, Dios. En este viaje, me he dado cuenta de que los orientales, en especial en países como Nepal, dedican más tiempo a la meditación, y no es por casualidad. Ellos comprenden la profundidad de la conexión espiritual que se crea al estar en silencio y en paz con uno mismo.

Pero, al final, la meditación no es algo exclusivo de una cultura o religión; creo firmemente que es un pilar básico del ser humano. Emplear un tiempo para escuchar a Dios, para escuchar nuestro interior, es algo que nos pertenece a todos, con independencia de nuestra fe o trasfondo cultural.

Aprendizaje esencial

La meditación y el silencio no son sólo herramientas espirituales, son puentes que nos conectan con lo más profundo de nuestra existencia. Nos permiten escuchar a Dios, sentirnos uno con el universo, y entender que todo lo que buscamos está dentro de nosotros. La práctica de meditar y estar en silencio es un camino hacia la comprensión personal y la armonía universal.

Hoy entendimos que el silencio y la meditación son dos de los caminos más poderosos hacia el entendimiento de uno mismo. Al practicar el silencio, descubrimos cómo conectar con la esencia de lo que somos y con lo divino. Escuchar nuestro interior nos permite alcanzar la paz que buscamos fuera.

Y, como cada noche, antes de acostarnos, grabé el consejo del día para mi nieta Mc.

Consejo 208

Un maestro te educa.
Educar es desarrollar lo que tienes dentro, por lo que el maestro te ayuda a sacar fuera lo que llevas dentro.

Tras el consejo y antes de dormir, como es habitual, viene una historia inspiradora para Daniela.

Volar en medio de la tormenta

En una ocasión, un piloto compartió una experiencia que marcó profundamente su vida profesional. Aquel día, se enfrentó a uno de los peores vuelos que recuerda.

Aunque habían sido advertidos de que una tormenta se aproximaba, jamás imaginaron la magnitud de lo que encontrarían en el aire. El avión se adentró en una tormenta tan intensa que llegó un momento en el que el piloto ya no sabía si la aeronave estaba subiendo o bajando. La visibilidad era nula. El viento y los rayos sacudían el aparato con fuerza. La incertidumbre y el miedo se apoderaron de la cabina, el pánico los invadió a todos. El piloto, desorientado, dejó de confiar incluso en su propio criterio. No sabía cómo salir de aquella situación.

Fue entonces cuando ocurrió algo inusual. La azafata, al ver que el piloto había perdido el control —porque no era capaz de ver nada a través del cristal delantero—, tomó una decisión inesperada: colocó una almohada cubriendo los cristales, bloqueando por completo la visión al exterior.

En ese momento, el piloto no tuvo más remedio que dejar de mirar al frente y, en su lugar, centró toda su atención en los instrumentos del avión. Esos indicadores, que siempre estuvieron allí, comenzaron a guiarlo con claridad y precisión. Gracias a ellos, y a su formación, logró retomar el control y, finalmente, aterrizar el avión sin mayores incidentes.

Esta historia, aunque real, es también una poderosa metáfora de lo que nos ocurre en la vida.

Todos atravesamos tormentas: momentos de crisis, incertidumbre, miedo, caos. Y cuando eso pasa, solemos entrar en pánico, perder la visión, dejamos de confiar en lo que sabemos y nos desesperamos, porque no vemos con claridad hacia dónde vamos. Pero ahí es cuando más debemos confiar en nuestros «instrumentos».

¿Y cuáles son esos instrumentos en nuestra vida? Son nuestros valores, nuestras convicciones, nuestros buenos hábitos. Son los consejos que hemos recibido y las decisiones que sabemos que son correctas, incluso cuando todo alrededor parece empujarnos a dudar.

Cuando la tormenta nos impide ver el horizonte, no necesitamos mirar más, necesitamos confiar más. En lo que ya sabemos. En lo que ya somos. En lo que hemos construido.

No cambiemos nuestra ética ni nuestra actitud ni nuestros principios sólo porque el cielo se haya oscurecido. Las tormentas pasarán. Lo que permanece es lo que hay dentro de nosotros.

En la Biblia (2 Corintios 5:7) encontramos una frase que me encanta para resumir este relato: «Porque por fe andamos, no por vista».

17

Despidiéndonos de Nepal y Bután

Cuando escribas la historia de tu vida, no permitas que nadie sostenga el bolígrafo por ti.

Sábado, 3 de mayo de 2025

Llegó nuestro día de regreso. Esa mañana, nos despertamos en el hotel de Katmandú listos para emprender el viaje hacia el aeropuerto. Sabíamos que la carretera es complicada y, como siempre, preferimos salir con mucho tiempo para evitar contratiempos y poder disfrutar del trayecto con calma.

Nos gusta ser previsores cuando viajamos y, aunque el regreso siempre trae consigo un poco de nostalgia, nos sentimos tranquilos por tomar las riendas de nuestro tiempo. Mientras íbamos en el coche, hablamos de todo lo que este viaje nos había aportado, sobre lo que habíamos vivido, aprendido y sentido.

Antes de salir de la habitación, nos detuvimos un momento para mirar por el gran ventanal que daba a las montañas del Himalaya. En ese instante, ambos dimos gracias por toda la experiencia. Somos conscientes de la humildad con la que debemos recibir lo que nos rodea. Sabemos que los creadores son los de arriba, y nosotros somos tan sólo afortunados disfrutadores de lo que nos dejan vivir. Todo lo que hemos visto, sentido y aprendido durante este viaje ha sido un regalo, y nos hemos permitido recibirlo con gratitud.

Tomamos un delicioso desayuno para despedirnos de las montañas del Himalaya, que nos han acompañado durante nuestra estancia. Son tan poderosas, tan majestuosas, que incluso al despedirnos de ellas lo hacemos con un sentimiento de plenitud, de saber lo afortunados que somos por haber podido estar allí, aunque sólo haya sido por unos días.

En el trayecto hacia el aeropuerto, como siempre, nos pusimos un audiolibro en el coche para empezar a adaptarnos a la siguiente etapa del viaje. A pesar de la nostalgia de regresar, el hecho de saber que volvemos con nuevos aprendizajes y experiencias nos llena de agradecimiento. Aún nos queda algo que disfrutar en compañía: viajar juntos en el avión. Nos encanta esta rutina que hemos mantenido durante años, ver una película juntos. Es nuestra pequeña tradición, y siempre que montamos en un vuelo, le damos al *play* a la vez y compartimos esa experiencia como si fuera una pequeña ceremonia de los dos.

Hicimos escala en Doha, la capital de Catar. Aunque el viaje es largo, lo tomamos con calma. Cenamos en el aeropuerto y, ya en el siguiente vuelo, intentamos dormir lo máximo posible para llegar a Madrid con energía. Lo que realmente nos importa ahora es lo que nos espera al llegar, ir a ver a Mc. Pero, incluso en el avión, la reflexión no se detiene. Viajar siempre es la mejor manera de inspirarse y, a lo largo del recorrido, hemos ido reinventando nuestra misión.

Vine a Nepal con el objetivo claro de ver de manera más precisa hacia dónde quiero llevar Abonoteatro, un proyecto que está más allá de ser una empresa, porque para mí es una misión de vida.

Este viaje me ha dado aún más claridad en ese propósito. Abonoteatro es una herramienta de libertad que hemos creado. El objetivo de este proyecto siempre ha sido ofrecer a la gente acceso a la cultura, al espectáculo y al entretenimiento a precios asequibles para todos, ayudando a democratizar la cultura y el arte. Es curioso cómo a veces las personas más cercanas, pero que no están tan involucradas en el día a día, tienen una visión más clara de lo que se debe hacer.

Daniela ha sido fundamental en este viaje, no sólo en lo personal, sino también en lo profesional. Su perspectiva ha sido una guía increíble para diseñar el plan del *turning point* ['punto de inflexión'], el paso clave para transformar Abonoteatro en un servicio total para el ciudadano y el sector. Lo que realmente nos da fuerza y claridad es que, aunque cada uno desempeña su papel y tiene su perspectiva, juntos somos más fuertes.

De nuevo, damos gracias por estos viajes que nos dejan disfrutar, por estos momentos compartidos que, para nosotros, son una bendición. Gracias por darnos la oportunidad de vivir esta experiencia juntos, por la compañía incondicional de Daniela, que es la mejor compañera de viaje. Gracias a ella, todo cobra más sentido, y le damos las gracias a Dios por habernos permitido vivir este viaje con tanta plenitud.

Como hacíamos cada noche —en este caso, antes de dormirnos en el avión—, grabé el consejo del día para mi nieta Mc.

Consejo 209

Tú no eres lo que te sucede en la vida.
Eres lo que escoges ser.

Tras el consejo, seguimos una vez más con la historia inspiradora que cuento a Daniela antes de dormir.

El perro del abogado

El perro de un abogado entra a la carnicería que está al lado de su casa y se come un filete delante del carnicero. Éste, indignado, va a la oficina del abogado y le pregunta:

—Si un perro se mete en mi carnicería y se come un filete ante mis propios ojos, ¿tengo derecho a exigir que el dueño del perro me pague el filete?

—Por supuesto que sí —contesta el letrado.

—¡Entonces, págueme cinco euros del filete que se comió su perro!

El abogado saca de su cartera un billete de cinco euros y se lo entrega, sin objeciones, al carnicero. Éste se vuelve a su negocio, apenado por haber desconfiado del abogado.

Una semana después, el carnicero recibe una cuenta de cobro del abogado por cincuenta euros «como minuta de su consulta sobre un perro que se comió un filete».

18

Reflexión

> Todo lo que estás buscando, te está buscando igualmente a ti. Por lo tanto, todo lo que quieres es ya tuyo.
> Es simplemente una cuestión de reconocer que ya lo tienes.
>
> Siddartha Gautama

En nuestro viaje a Bután aprendimos una de las historias más significativas del budismo, la de Siddhartha Gautama, el príncipe que, más tarde, se convertiría en Buda. Esta historia nos hizo reflexionar profundamente sobre nuestras propias experiencias de vida.

Siddhartha vivió una vida acomodada en un entorno que lo protegía. Creció en un palacio lleno de lujo, donde todo a su alrededor estaba diseñado para mantenerlo alejado del sufrimiento. Su padre, el rey, le dio todo lo que necesitaba para que nunca tuviera que enfrentarse a las duras realidades de la vida. A medida que fue creciendo, sintió que había algo que le faltaba, aunque no entendía del todo qué era exactamente. Entonces, un día, pidió permiso para salir del palacio y conocer el mundo exterior. Cuando lo hizo, subido a un carro conducido por su amigo Chandaka, se encontró con las Cuatro Visiones, que cambiarían su vida para siempre.

1. La visión de la vejez

La primera vez que Siddhartha salió del palacio, se encontró con un anciano. Con la piel arrugada y encorvado, era un hombre tan mayor que apenas podía caminar. Siddhartha no entendía qué veía. Le preguntó a su conductor, y éste le explicó que todos envejecemos. El príncipe se dio cuenta de que la juventud no es eterna y de que, tarde o temprano, todos enfrentamos el paso del tiempo.

2. La visión de la enfermedad

En su siguiente paseo, Siddhartha se encontró con una persona enferma, tirada en el suelo, con el cuerpo cubierto de dolor. Era una visión que hasta ese momento no había conocido. El príncipe entendió que la enfermedad es algo que todos debemos enfrentar en algún momento. La salud no es algo permanente, y no podemos controlar cuándo nuestra vida se ve afectada por la enfermedad.

3. La visión de la muerte

Poco después, Siddhartha vio un muerto. La visión de la muerte le sacudió profundamente. Presenció la imagen de un cuerpo sin vida, rodeado de llanto y tristeza, y le pidió una explicación a Chandaka. Tras ello, Siddhartha comprendió que todos vamos a morir. Ninguna riqueza, poder o juventud puede evitar que todos enfrentemos ese momento inevitable.

4. La visión del asceta

Finalmente, Siddhartha vio a un asceta, un hombre que, a pesar de no tener riquezas, parecía sereno y en paz. Aquella persona había renunciado a todo lo material y se dedicaba únicamente a la búsqueda espiritual. Siddhartha se dio cuenta de que, aunque la vida está llena de sufrimiento, también existe un camino hacia la paz interior. Este encuentro fue el que le mostró que, a pesar de todo lo que está fuera de nuestro control, sí podemos encontrar un camino hacia la liberación.

Nuestro viaje hacia lo esencial

Al igual que Siddhartha, en nuestro viaje a Bután hemos tenido nuestras propias «cuatro visiones». Nos enfrentamos a la impermanencia de la vida, al sufrimiento, a la incertidumbre y, a través de ello, descubrimos un camino hacia la paz interior.

Al ver la muerte y la pérdida en los templos, y al aprender sobre la aceptación de la impermanencia, entendimos, al igual que Siddhartha, que no se trata de huir de lo que es difícil o doloroso, sino de abrazarlo con consciencia. Aprendimos que la pérdida y el cambio son inevitables, pero también que, en ese proceso, existe un camino hacia la paz.

La visión del asceta nos enseñó que, aunque la vida esté llena de dificultades, podemos encontrar serenidad cuando dejamos ir lo que no es esencial, cuando nos liberamos de lo material y nos centramos en lo que realmente importa.

Y, como hacíamos cada noche, antes de dormirnos en el avión, grabé el consejo del día para mi nieta Mc.

Consejo 210

Lo que pidas y desees con fe verdadera, Dios te lo dará.
La fe es la llave para materializar todo aquello que deseas.
Tener verdadera fe en que aquello que quieras lo puedes crear es el camino directo para hacer real la vida que sueñas.

Tras el consejo, una vez más, viene una historia inspiradora que cuento a Daniela antes de dormir.

Querer es poder

Un joven estudiante de la Universidad de Stanford, en California, se presentó para solicitar un trabajo.

—Mire usted —le dijeron—, el trabajo consiste en mecanografiar estos doscientos folios, ¿acepta usted?

El muchacho dijo que sí, pero que empezaría el miércoles.

Llegado el momento, cuando le entregaron el trabajo, le preguntaron:

—Oiga, ¿por qué quiso usted empezar el miércoles en lugar de hacerlo el lunes?

—Muy sencillo —repuso el joven—. El lunes estuve muy ocupado tratando de alquilar una máquina de escribir, pues yo no la tengo. Todo el martes estuve aprendiendo a manejarla, ya que nunca antes había escrito ni una línea. Por eso me presenté el miércoles.

Aquel estudiante era Herbert Hoover, el mismo que, una vez investido presidente de Estados Unidos, dijo: «Querer es poder».

19

Creer: un vínculo universal

Namasté: [Nah-mas-tay]

> Mi alma honra tu alma, yo honro el lugar en ti, donde todo el universo reside, yo honro la luz, amor, verdadero, belleza y paz en ti, porque está también dentro de mí.
>
> Compartiendo estas cosas, todos estamos unidos.
>
> Todos somos lo mismo.
>
> Todos somos uno.

Al final, cuando miramos hacia atrás y reflexionamos sobre todo lo que hemos aprendido, llega el momento de entender que, a pesar de nuestras diferencias, todos los seres humanos compartimos un anhelo profundo: el deseo de comprender lo que no podemos ver, lo que no podemos tocar, lo que va más allá de lo que nuestros ojos alcanzan a percibir.

En cada rincón del mundo, desde las montañas de Bután hasta las costas del Caribe, las civilizaciones se han aferrado a algo intangible, algo que da sentido a lo incierto, que ofrece consuelo ante la incomprensión: la fe.

En Bután, la fe se manifiesta a través de las enseñanzas del *dharma* ['el camino recto'], que guía a los individuos hacia la paz interior, hacia el entendimiento de sí mismos y del universo. En el Tíbet, los monjes se aferran a la idea de que la reencarnación es un ciclo perpetuo, un camino hacia la perfección.

En las religiones del mundo occidental, muchos creen en un Dios único, un ser supremo que observa, guía y protege a sus hijos. Y, sin importar la forma en que la creencia se exprese, hay algo que une a todas estas prácticas: la búsqueda.

La búsqueda de significado

Todos buscamos respuestas a preguntas que nos asaltan desde el momento en que nacemos, como ¿por qué estamos aquí?, ¿qué sucede después de la muerte? o ¿cómo encontrar la paz en este mundo lleno de caos? Son preguntas universales, que todas las culturas han tratado de responder de maneras diferentes, pero con una constante: la fe.

A lo largo de nuestra vida, hemos visto cómo las culturas, a pesar de sus tradiciones, rituales y dioses particulares, se aferran a las mismas certezas esenciales. Aunque nuestros dioses puedan tener diferentes nombres, nuestras oraciones suenen de diferentes maneras o nuestras ceremonias sean únicas, todos anhelamos lo mismo: **explicar lo inexplicable.**

Las diferentes religiones han tratado de responder a lo que el ser humano no puede explicar con la razón, dándole un marco, un sentido, un propósito. Pero, al final, sin importar la tradición particular de cada uno, todos creemos en algo que nos trasciende, que nos conecta con el misterio de la vida.

Lo que nos une, más allá de nuestras creencias, es que creemos. Creemos en algo más grande que nosotros, algo que nos guía a través de la oscuridad, algo que nos ofrece respuestas cuando las palabras ya no alcanzan. Creer nos da fuerzas para seguir adelante, para levantarnos tras cada caída, para comprender la muerte y la vida de una manera más profunda. Nos ofrece consuelo en tiempos de angustia y nos da esperanza en medio de la incertidumbre.

Es fascinante cómo, a lo largo de la historia, las culturas han buscado explicar lo que no entienden y cómo, a pesar de las diferencias, muchas veces llegamos a las mismas conclusiones: dioses que nos cuidan, ciclos de reencarnación y rituales que nos conectan con el universo.

En las orillas de los ríos, en las cumbres de las montañas, en el interior de nuestras casas, nos aferramos a las mismas certezas, aunque se presenten de formas distintas.

En nuestras conversaciones, tanto en este libro como a lo largo de nuestras vidas, siempre hemos encontrado consuelo en el hecho de que, al final, todos somos buscadores de respuestas a preguntas que no siempre tienen una contestación clara, pero que, de alguna manera, nos acercan a la verdad de nuestro ser. Y, en esta búsqueda, la fe, esa chispa que ilumina nuestro camino, nos hace sentir que no estamos solos.

Conclusión

Al final, lo que importa no son las diferencias, sino lo que compartimos: la necesidad de creer, de aferrarnos a algo que nos dé propósito, que nos dé fuerza para seguir adelante.

Creer en la importancia de dar, no sólo en lo material, sino también en el tiempo, en la compasión, en el amor hacia los demás. Creer en la compasión como la fuerza que nos conecta, que nos hace humanos y nos enseña a comprender al otro, a aliviar su sufrimiento.

Creer en el karma, en que nuestras acciones tienen consecuencias, y en que todo lo que hacemos, bueno o malo, regresa a nosotros.

Creer en el *dharma*, en ese camino de sabiduría y verdad que nos guía, y que, aunque a veces incierto, siempre busca el bienestar de todos.

Creer en el equilibrio como la clave para vivir en armonía con el mundo, con nuestra mente y con los demás.

Creer en el silencio y la meditación, porque son esos momentos de quietud los que nos permiten encontrar nuestra verdad interior, conectar con lo divino y entender que en la calma se encuentra la respuesta a todo lo que buscamos.

Aunque nuestras creencias sean diferentes, nuestras manos se entrelazan en esa misma búsqueda, en ese mismo deseo de comprender lo incomprensible.

Como cada noche, antes de dormirnos en el avión, grabé el consejo del día para mi nieta Mc.

Consejo 211

La mayor parte de los fracasos viene porque la gente no sabe lo cerca que estaba de triunfar antes de abandonar. Un día su mente dijo: «Esto ya no merece la pena». Y lo dejaron cuando su éxito estaba a la vuelta de la esquina.

Tras el consejo, vayamos con la historia inspiradora que cuento a Daniela antes de dormir.

Por qué ir a la iglesia

Un hombre escribió una carta al director del periódico de su localidad, en la que comentaba el poco sentido que había tenido para él acudir a la iglesia cada domingo:

He ido a misa durante treinta años. En ese tiempo he escuchado algo así como 3.000 homilías. Pero no puedo recordar ni una sola de ellas. Pienso, entonces, que he gastado mi tiempo, y los sacerdotes el suyo, dando sermones en balde.

A raíz de aquella carta, comenzó una pequeña polémica en la sección «Cartas al director» de aquel periódico. Continuó durante semanas, hasta que alguien escribió unas breves líneas que, sorprendentemente, zanjaron la controversia.

Llevo casado cuarenta años. Desde entonces he tomado más de 42.000 comidas y cenas. Pero no puedo recordar el menú entero de ninguno de esos días.

¿Han sido inútiles todas esas comidas? No lo creo. Me alimentaron y me dieron la fuerza para vivir. Si no hubiera tomado aquellas comidas, hoy estaría muerto.

Resumen de pensamientos y filosofías

Dar: la verdadera riqueza se encuentra en lo que compartimos con los demás, no en lo que acumulamos.

Impermanencia: la vida y los momentos son temporales; debemos aprender a aceptarlo y vivir en el presente.

Compasión: aprender a ser compasivos con los demás y con uno mismo es esencial para la paz interior.

Karma: nuestras acciones tienen consecuencias. Es importante actuar con conciencia y responsabilidad.

Desapego: la verdadera libertad viene cuando nos liberamos de los deseos materiales y emocionales.

Gratitud: apreciar las pequeñas cosas de la vida y practicar la gratitud diariamente.

Meditación y silencio: buscar la paz interior a través de la reflexión profunda y el silencio.